Pe. Ronaldo José Miguel
Pe. Thiago Faccini Paro

O Caminho

Catequese Batismal

Diário da Família

"O que ouvimos, o que aprendemos, o que nossos pais nos contaram, não ocultaremos de nossos filhos; mas vamos contar à geração seguinte as glórias do Senhor, o seu poder e as obras grandiosas que Ele realizou." (Sl 78,3-4)

Petrópolis

© 2018, Editora Vozes Ltda.
Rua Frei Luís, 100
25689-900 Petrópolis, RJ
www.vozes.com.br
Brasil

1 edição, 2018.
1ª reimpressão, 2024.

Todos os direitos reservados. Nenhuma parte desta obra poderá ser reproduzida ou transmitida por qualquer forma e/ou quaisquer meios (eletrônico ou mecânico, incluindo fotocópia e gravação) ou arquivada em qualquer sistema ou banco de dados sem permissão escrita da editora.

CONSELHO EDITORIAL

Diretor
Volney J. Berkenbrock

Editores
Aline dos Santos Carneiro
Edrian Josué Pasini
Marilac Loraine Oleniki
Welder Lancieri Marchini

Conselheiros
Elói Dionísio Piva
Francisco Morás
Gilberto Gonçalves Garcia
Ludovico Garmus
Teobaldo Heidemann

Secretário executivo
Leonardo A.R.T. dos Santos

Projeto gráfico e diagramação: Ana Maria Oleniki
Revisão: Licimar Delfino Porfirio
Capa: Ana Maria Oleniki
Ilustrações: Romolo Picoli Ronchetti

ISBN 978-85-326-5979-8

Este livro foi composto e impresso pela Editora Vozes Ltda.

Sumário

Apresentação, 5

Agenda de reuniões, encontros e celebrações, 7

Introdução, 9

PRIMEIRA ETAPA – Catequese durante a gestação

1º Encontro – No amor, gestar a vida cristã, 12

2º Encontro – Gestar a vida cristã na luz da Palavra, 17

3º Encontro – Gestar a vida cristã na luz da fé, 23

4º Encontro – Gestar a vida cristã na luz da oração, 30

5º Encontro – Gestar a vida cristã com uma identidade, 38

6º Encontro – Gestar a vida cristã na luz da família, 47

7º Encontro – Gestar a vida cristã na luz da comunidade, 55

SEGUNDA ETAPA – Catequese próxima ao Batismo

1º Encontro – Pelo Batismo, somos filhos de Deus em Cristo, 64

2º Encontro – Pelos sinais visíveis, Deus realiza maravilhas invisíveis, 69

Celebração de apresentação das crianças, 70

3º Encontro – Pelo Batismo, somos incorporados à Igreja, Corpo de Cristo, 80

TERCEIRA ETAPA – O Sacramento do Batismo

Celebração do Sacramento do Batismo, 86

Encontro Pós-Batismo – Sal da terra e luz do mundo, 90

QUARTA ETAPA – Recordar e viver o Batismo recebido

1 Ano – Deus te abençoe!, 96

2 Anos – A Igreja Doméstica, 103

3 Anos – A transmissão da fé, 109

4 Anos – Ensina-nos a rezar, 116

5 Anos – Fé, esperança e caridade, 132

6 Anos – Bendita entre as mulheres, 138

7 Anos – Crescer em Sabedoria, Idade e Graça, 144

Algumas Orações Cristãs, 150

Apresentação

Jesus, ao subir para o Pai, deixa a missão aos apóstolos, de levar o Evangelho a todos os povos: "*Ide por todo o mundo, pregai o evangelho a toda criatura*" (Mc 16,15). Se mais de dois mil anos depois, tivemos a oportunidade de conhecer e receber o anúncio do Evangelho, fazer a experiência de Jesus Cristo e de nos tornarmos CRISTÃOS, foi graças aos homens e mulheres, que assumiram com fervor o mandamento de Jesus.

Hoje somos responsáveis enquanto cristãos, pais e futuros padrinhos de Batismo a introduzir na fé cristã, através do testemunho, diálogo e vivência comunitária, os filhos e afilhados. E posteriormente, cabe a Igreja que é Mãe e Mestra, através das comunidades e catequistas complementarem a iniciação cristã dada pelos pais e padrinhos, apresentando às crianças as maravilhas do seguimento de Jesus Cristo. Portanto é indispensável essa interação:

PAIS – PADRINHOS – COMUNIDADE (IGREJA)

Sendo assim, queremos com este subsídio em preparação ao Sacramento do Batismo, ajudá-los a melhor compreender a riqueza e importância deste sacramento e a contribuir na tarefa de transmitir a fé para vossos filhos e afilhados, pois vocês deverão ser os seus primeiros catequistas.

Que possamos assumir com responsabilidade, enquanto família cristã, esta linda missão. A todos nós, uma boa caminhada, no único CAMINHO: Jesus Cristo, única razão do nosso ser.

Pe. Ronaldo José Miguel
Pe. Thiago Faccini Paro

Este Diário pertence a:

_____,

filho (a) de: _____ e

_____,

batizado no dia _____ de _____ de _____.

na paróquia _____

da cidade de _____,

pertencente a (Arqui) Diocese de _____

_____

Contatos da Paróquia

Endereço:

Telefone:

E-mail:

Agenda de reuniões, encontros e celebrações

Atividade:
Dia: Hora:
Local:

Atividade:
Dia: Hora:
Local:

Atividade:
Dia: Hora:
Local:

Atividade:
Dia: Hora:
Local:

Atividade:
Dia: Hora:
Local:

Atividade:
Dia: Hora:
Local:

Atividade:
Dia: Hora:
Local:

Atividade:
Dia: Hora:
Local:

Atividade:
Dia: Hora:
Local:

Atividade:
Dia: Hora:
Local:

Introdução
O Itinerário a ser percorrido

O itinerário que propomos percorrer em preparação ao sacramento do Batismo consta de 4 etapas.

PRIMEIRA ETAPA – Catequese durante a gestação

Na **primeira etapa**, é proposto a reflexão de temas próprios do período da gestação e da vivência cristã, como a escolha de um nome cristão para a criança, o valor da vida, entre outros. São sugeridos sete encontros que podem ser realizados a partir do segundo mês da gestação, ou organizados de acordo com a possibilidade do tempo que ainda resta antes do nascimento do bebê.

SEGUNDA ETAPA – Catequese próxima ao Batismo

A **segunda etapa** prevê uma preparação mais próxima à celebração do Sacramento do Batismo. Nessa etapa estão previstas três encontros e uma celebração. As famílias que não tiveram possibilidade de participar da primeira etapa, poderão iniciar normalmente a caminhada a partir deste segundo momento.

TERCEIRA ETAPA – Celebração do Sacramento do Batismo

A **terceira etapa** contempla a celebração batismal e posteriormente um encontro para a partilha da experiência vivida.

QUARTA ETAPA – Acompanhamento Pastoral

Por fim, na **quarta etapa**, apresentamos o roteiro com sete encontros celebrativos para serem realizados pelas famílias anualmente no mês do aniversário de batismo dos neófitos, recordando e valorizando o Sacramento do Batismo recebido.

Todas as etapas serão organizadas e orientadas pela Pastoral do Batismo de sua paróquia e ou comunidade.

Primeira Etapa

Catequese durante a gestação

Eis que conceberás e darás à luz um filho e lhe porás o nome de Jesus. Ele será grande e será chamado Filho do Altíssimo. O Senhor Deus lhe dará o trono de Davi, seu pai. Ele reinará na casa de Jacó pelos séculos e seu reino não terá fim. (...) Disse então Maria: "Eis aqui a serva do Senhor. Aconteça comigo segundo tua palavra!". (Lc 1,31.38)

NO AMOR, GESTAR A VIDA CRISTÃ
1º Encontro

Preparando o Encontro

Com antecedência, em uma mesinha colocar Bíblia, vela e um pequeno vaso com flores e ainda alguma imagem de um santo de devoção que a família tenha em casa. Convidar se possível, familiares e amigos próximos para participar.

Iniciando nosso Encontro

Dirigente: Querida gestante e demais membros desta família e da comunidade que hoje se reúnem neste lar para suplicar as bênçãos de Deus sobre esta nova vida cristã que gestamos na fé: Sejam bem-vindos!

A Igreja se alegra juntamente com os genitores desta nova vida cristã ao participar com a oração e o amor fraterno na gestação de mais um filho de Deus.

Expressando nossa fé no Deus da vida, iniciemos este nosso encontro com o sinal da nossa fé.

Dirigente: Em nome do Pai e do Filho e do Espírito Santo.

Todos: Amém!

Dirigente: O Senhor Jesus que disse "Eu sou o caminho, a verdade e a vida" (Jo 14,6), esteja convosco.

Todos: Bendito seja Deus que nos reuniu no amor de Cristo!

Dirigente: Recebe a Palavra de Deus, que é Cristo Jesus, o Filho de Deus que se fez carne e habitou entre nós.

Entrega-se a Bíblia para a gestante.

Gestante: Faça-se em mim segundo a tua Palavra.

Em seguida, beija a Bíblia e abrindo-a, coloca ao lado da vela, no espaço preparado.

Dirigente: Recebe a Luz do Cristo Ressuscitado, por meio do qual nascemos para a vida eterna.

Entregar uma vela acesa à gestante, levada pela equipe do batismo.

Gestante: Bendito é o fruto do meu ventre, gestado na luz do Senhor.

A gestante acende com esta vela a vela menor, que já estará sobre a mesa, significando a vida que está sendo gestada em seu ventre.

Todos:

Ó Deus, nosso Pai,
que desde a criação do mundo
iluminastes todas as criaturas com o clarão do vosso amor.
Concedei que por meio da luz radiante de vosso Filho Jesus Cristo,
sejam dissipadas as trevas do mal
e fazei que esta nova vida gestada na fé e no amor,
chegue com perfeita saúde à luz deste mundo.
Iluminai e assisti com o auxílio do Espírito Santo
a mãe desta criança, (dizer o nome da mãe),
para que geste no coração e na vida,
o fruto bendito do seu ventre.
Que a exemplo da Sagrada Família de Nazaré,
estejam todos unidos pelo vínculo de amor
que existe no seio da Trindade Santa. Assim seja!

ILUMINADOS PELA VIDA

Dirigente: A vida é sempre um dom de Deus. Como graça divina, ela é fruto do amor de Deus e do amor conjugal. Por isso, queremos conhecer a história de amor que Deus realizou na vida deste casal (*ou: desta mãe*), partilhando conosco um pouco de sua vida conjugal (*ou apenas: de sua vida*) e sobre este início na gestação de uma nova vida cristã. Ouçamos:

(Partilha espontânea dos participantes.)

ILUMINADOS PELA PALAVRA DE DEUS E DA IGREJA

Texto bíblico: Jo 1,1-17.

Dirigente: A leitura que acabamos de ouvir nos revela como Deus criou todas as coisas por meio da luz da Palavra que é seu Filho Jesus Cristo. Pois eis que "Nela estava a vida, e a vida era a luz dos homens" (Jo1,4).

Todos: E a Palavra se fez homem e habitou entre nós.

Leitor: Diz ainda a Palavra de Deus, na carta aos Colossenses, que Jesus Cristo "é a imagem do Deus invisível, o primogênito de toda criatura; porque nele foram criadas todas as coisas, tanto as celestes como as terrestres, as visíveis como as invisíveis... Tudo foi criado por meio dele e para ele. Ele existe antes de todas as coisas e tudo nele subsiste" (Cl 1,15-17).

Todos: Demos graças a Deus Pai que na luz nos permitiu participar da vida de seu Filho Jesus Cristo.

PALAVRA DA IGREJA

Dirigente: O Catecismo da Igreja Católica nos ensina que "por ser à imagem de Deus, o indivíduo humano tem a dignidade de pessoa: ele não é apenas uma coisa, mas alguém. É capaz de conhecer-se, de possuir-se e de doar-se livremente e entrar em comunhão com outras pessoas, e é chamado, por graça, a uma aliança com seu Criador, a oferecer-lhe uma resposta de fé e de amor que ninguém pode dar em seu lugar" (ClgC, n. 357).

Todos: Bendito seja Deus que nos criou no amor de Cristo.

ILUMINADOS PELA PARTILHA DA PALAVRA

1. O que mais me tocou no texto do Evangelho?
2. Por que Deus criou tudo por e no amor?
3. O que significa dizer que o indivíduo humano é uma pessoa e não uma coisa?
4. Como os genitores colaboram com a criação de Deus gestando um filho?

REZAR A PALAVRA DE DEUS

Dirigente: Roguemos a Deus Pai, Criador de todas coisas, que por meio de seu Filho Jesus Cristo acolha as súplicas que humildemente confiamos:

R. Iluminai-nos Senhor, com o vosso amor.

Leitor: Para que a vida humana seja respeitada em todas as etapas do seu desenvolvimento, sobretudo em seu processo de gestação, rezemos. **R.**

Leitor: Pela saúde desta gestante que carrega em seu ventre materno o fruto bendito do amor de Deus e dos homens, rezemos. **R.**

Leitor: Para que não falte a esta nova vida humana o amor de seus genitores e de seus familiares, a fim de que se desenvolva nutrida pelos valores da fé cristã e chegue um dia à luz do mundo agraciada pela vida cristã, rezemos. **R.**

(Preces espontâneas.)

Dirigente: Manifestando a alegria por sermos iluminados neste encontro fraterno da vida, rezemos, como filhos e filhas de Deus nosso Pai, a oração que Jesus nos ensinou:

Todos: Pai nosso que estais nos céus, santificado seja o vosso nome...

Dirigente: À Maria, a serva fiel que acolheu no seu ventre e em sua vida a Palavra do Senhor, recorremos, pedindo a sua maternal intercessão para este novo filho de Deus que está sendo gestado à luz da fé cristã católica, rezemos:

Todos: Ave Maria, cheia de graça, o Senhor é convosco...

Dirigente: Bem-aventurada aquela que acreditou.

Todos: Porque vai acontecer o que o Senhor lhe prometeu.

Dirigente: Glória ao Pai e ao Filho e ao Espírito Santo.

Todos: Como era no princípio, agora e sempre. Amém!

COMPROMISSO DESTE ENCONTRO

1. Para os genitores:

   a. Conversar e refletir sobre o que é gestar seu filho na fé, como desejam transmitir e testemunhar a fé a essa criança que está sendo gestada. Depois registrem ao lado da foto do encontro as ações e ou atitudes, surgidas desta conversa *e reflexão, que almejam realizar, no processo de educar seu filho na fé.*

   b. *A partir deste encontro procurar rezar todos os dias a oração do Ângelus, impresso no final deste livro.*

2. Para os demais familiares: a partir deste encontro procurem rezar todos os dias a oração que conclui o momento Iniciando nosso encontro: "Ó Deus, nosso Pai, que desde a criação do mundo..." em intenção da gestante e da criança.

REGISTRAR ESTE CÉLEBRE MOMENTO

Uma foto deste encontro poderá ser tirada e depois de impressa colada no espaço a seguir, como registro deste encontro celebrativo. Ao lado da foto escrever as atitudes que *desejam realizar para transmitir e testemunhar a fé a essa criança que está sendo gestada, como parte de seu processo de educação na fé.*

GESTAR A VIDA CRISTÃ NA LUZ DA PALAVRA

2º Encontro

Preparando o Encontro

Em uma mesinha colocar Bíblia, vela e um pequeno vaso com flores e ainda alguma imagem de um santo de devoção que a família tenha em casa. Convidar se possível, familiares e amigos próximos para participar.

Iniciando nosso encontro

Dirigente: Sejam todos bem-vindos para este segundo encontro. Hoje queremos celebrar o dom da vida cristã iluminada pela Palavra de Deus e nutrida com as palavras amorosas e edificantes de seus genitores e familiares.

Em comunhão com Deus Pai que nos comunica em Cristo sua Palavra de amor na ação do Espírito Santo, iniciemos com o sinal da cruz.

Dirigente: Em nome do Pai e do Filho e do Espírito Santo.

Todos: Amém!

Dirigente: O Senhor Jesus que disse "Eu sou o caminho, a verdade e a vida" (Jo 14,6), esteja convosco.

Todos: Bendito seja Deus que nos reuniu no amor de Cristo!

Dirigente: Que a graça e a Paz de Deus nosso Pai, que hoje nos reuniu em nome do seu filho, Jesus Cristo, esteja sempre convosco!

Todos: Bendito seja Deus que nos reuniu no amor de Cristo!

Dirigente: Vamos invocar o Espírito Santo de Deus, para vir em nosso auxílio, para que possamos ouvir atentamente a Palavra de Deus, meditar e guardá-la em nosso coração. Rezemos juntos:

Todos:

> *"Vinde Espírito Santo, enchei os corações dos vossos fiéis. E acendei neles o fogo do Vosso amor. Enviai o Vosso Espírito e tudo será criado, e renovareis a face da terra.*

Oremos: *Deus, que instruístes os corações dos vossos fiéis com a Luz do Espírito Santo, fazei que apreciemos retamente todas as coisas, segundo o mesmo Espírito, e gozemos sempre da Sua consolação. Por Cristo Senhor Nosso." Amém!*

Todos:

Ó Deus, nosso Pai,
que desde a criação do mundo
iluminastes todas as criaturas com o clarão do vosso amor.
Concedei que por meio da luz radiante de vosso Filho Jesus Cristo,
sejam dissipadas as trevas do mal
e fazei que esta nova vida gestada na fé e no amor,
chegue com perfeita saúde à luz deste mundo.
Iluminai e assisti com o auxílio do Espírito Santo
a mãe desta criança, (dizer o nome da mãe),
para que geste no coração e na vida,
o fruto bendito do seu ventre.
Que a exemplo da Sagrada Família de Nazaré,
estejam todos unidos pelo vínculo de amor
que existe no seio da Trindade Santa. Assim seja!

ILUMINADOS PELA VIDA

Dirigente: Toda nossa existência cristã é edificada pela escuta da Palavra. O Deus que criou todas as coisas por meio da Palavra, sustenta todas elas pela força criadora da mesma Palavra. Portanto, a palavra boa, dita no amor, nutre e edifica a vida de quem nelas referimos ou através delas nos comunicamos. Dita com amor, ela gera comunhão de vida. Enquanto a palavra má, ocasiona divisões entre as pessoas e provoca discórdias que fomentam o fermento da maldade, da inveja, do ódio, da vingança, entre outros. Resumidamente, a palavra boa gera a vida enquanto a palavra má destrói e gera a morte.

Neste momento, vamos recordar e partilhar as boas palavras que pronunciamos ou que foram dirigidas a nós no decurso deste dia ou durante esta semana.

(Partilha espontânea dos participantes.)

ILUMINADOS PELA PALAVRA DE DEUS E DA IGREJA

Texto bíblico: Gn 1,1-28.

Dirigente: A leitura que acabamos de ouvir nos revela como Deus criou todas as coisas com a luz da sua Palavra. Ele diz e todas as coisas passam a existir pela força criadora da sua Palavra de amor.

Todos: A tua Palavra Senhor é luz para a nossa vida.

Leitor: A Palavra de Deus diz que no sexto dia Deus criou o homem à sua imagem e semelhança. E que os criou homem e mulher. Este é o projeto original de Deus realizado no seu Amor e que compreende a nossa identidade.

Todos: E Deus viu tudo o que havia feito, e tudo era muito bom.

PALAVRA DA IGREJA

Dirigente: Na oração do *Ângelus* de 23 de agosto de 2015, o Papa Francisco, comentando sobre a conclusão do Evangelho de São João, afirma: "Pedro faz a sua confissão de fé em nome dos outros Apóstolos: «Senhor, para quem iremos nós? Tu tens as palavras da vida eterna» (Jo 6,68). [...] A partir desta interrogação de Pedro, compreendemos que a fidelidade a Deus é questão de fidelidade a uma pessoa, com a qual nos unimos para caminhar juntos pela mesma estrada. E esta pessoa é Jesus. Tudo o que temos no mundo não sacia a nossa fome de infinito. Precisamos de Jesus, de estar com Ele, de alimentarmo-nos à sua mesa, com as suas palavras de vida eterna!"

ILUMINADOS PELA PARTILHA DA PALAVRA

1. O que mais me tocou no texto que narra a criação no livro do Gênesis?

2. Como a Palavra de Deus ilumina a nossa vida?

3. Como nutrir a gestação com palavras sãs que promovam a vida e evitar palavras más?

4. Por que a nossa fé diz não ao aborto?

REZAR A PALAVRA DE DEUS

Dirigente: A Deus Pai que nos dirige constantemente sua Palavra de amor, apresentemos nossa resposta por meio de nossas súplicas.

R. Iluminai-nos Senhor, como a vossa Palavra de vida eterna.

Leitor: Para que jamais falte as palavras de vida eterna em nossas famílias, sobretudo a esta criança que está sendo gestada na fé, rezemos. **R.**

Leitor: Para que esta criança em processo de gestação seja alimentada constantemente pelo amor e carinho de seus pais e seus familiares, rezemos. **R.**

Leitor: Para que os genitores acolham na vontade de Deus o filho que lhes prouver, sendo este um menino ou uma menina, rezemos. **R.**

(Preces espontâneas.)

GESTO SIMBÓLICO: GESTANDO NA PALAVRA

Dirigente: Como Maria gestou Jesus no seu ventre maternal, nós também queremos gestar com os genitores esta nova vida cristã no ventre do nosso coração. Por isso, vamos nutri-la com boas palavras que transcreveremos neste coração e ofertaremos ao menino Jesus.

Dirigente: Manifestando a alegria por sermos iluminados neste encontro fraterno da vida, rezemos, como filhos e filhas de Deus nosso Pai, a oração que Jesus nos ensinou:

Todos: Pai nosso que estais nos céus, santificado seja o vosso nome...

Dirigente: À Maria, a serva fiel que acolheu no seu ventre e em sua vida a Palavra do Senhor, recorremos, pedindo a sua maternal intercessão para este novo filho de Deus que está sendo gestado à luz da fé cristã católica, rezemos:

Todos: Ave Maria, cheia de graça, o Senhor é convosco...

Dirigente: Bem-aventurada aquela que acreditou.

Todos: Porque vai acontecer o que o Senhor lhe prometeu.

Dirigente: Glória ao Pai e ao Filho e ao Espírito Santo.

Todos: Como era no princípio, agora e sempre. Amém!

COMPROMISSO DESTE ENCONTRO

1. *Rezar diariamente as orações propostas no compromisso do último encontro, até o nascimento da criança e, também a oração diária do* Magnificat: *"Minha alma engrandece o Senhor e meu Espírito se alegra em Deus meu salvador...", encerrando-a com o "Glória ao Pai, ao Filho e ao Espírito Santo, como era no princípio, agora e sempre. Amém!".*

2. Rever o compromisso do encontro anterior e conversar sobre as palavras no cartaz. Dentre elas eleger aquelas que expressem maior importância ao que querem nutrir nesta nova vida que está sendo gestada na fé, como também, escolher palavras que expressem comportamentos virtuosos que tanto genitores quanto a criança, devam praticar no relacionamento familiar.

REGISTRAR ESTE CÉLEBRE MOMENTO

Uma foto deste encontro poderá ser tirada e depois de impressa colada no espaço a seguir, como registro deste encontro celebrativo. Escrever ao redor da foto as palavras que expressem o que querem nutrir nesta nova vida que está sendo gestada na fé e, também, aquelas que expressem comportamentos virtuosos que tanto genitores quanto a criança, devam praticar no relacionamento familiar.

GESTAR A VIDA CRISTÃ NA LUZ DA FÉ
3º Encontro

Preparando o Encontro

Mesinha com Bíblia, vela, um pequeno vaso com flores, cartaz da atividade do encontro passado e ainda alguma imagem de um santo de devoção que a família tenha em casa. Convidar se possível, familiares e amigos próximos para participar.

Iniciando nosso encontro

Dirigente: Na certeza da fé cristã que nos reúne para mais um encontro, sejam todos bem-vindos. No encontro de hoje queremos celebrar o dom da vida cristã iluminada pela fé cristã. É pela fé que acolhemos a graça de Deus em nossa vida. É através da fé que temos acesso a Deus e à sua vontade. Nela penetramos nos mistérios mais profundos da nossa existência e somos gestados para a vida eterna.

Sob a luz da fé, iniciemos com o sinal da cruz.

Dirigente: Em nome do Pai e do Filho e do Espírito Santo.

Todos: Amém!

Dirigente: O Senhor Jesus que disse "Eu sou o caminho, a verdade e a vida" (Jo 14,6), esteja convosco.

Todos: Bendito seja Deus que nos reuniu no amor de Cristo!

Dirigente: Que a graça e a Paz de Deus nosso Pai, que hoje nos reuniu em nome do seu filho, Jesus Cristo, esteja sempre convosco!

Todos: Bendito seja Deus que nos reuniu no amor de Cristo!

Dirigente: Vamos invocar o Espírito Santo de Deus, para vir em nosso auxílio, para que possamos ouvir atentamente a Palavra de Deus, meditar e guardá-la em nosso coração. Rezemos juntos:

Todos:

"Vinde Espírito Santo, enchei os corações dos vossos fiéis. E acendei neles o fogo do Vosso amor. Enviai o Vosso Espírito e tudo será criado, e renovareis a face da terra.

Oremos: *Deus, que instruístes os corações dos vossos fiéis com a Luz do Espírito Santo, fazei que apreciemos retamente todas as coisas, segundo o mesmo Espírito, e gozemos sempre da Sua consolação. Por Cristo Senhor Nosso." Amém!*

Todos:

Ó Deus, nosso Pai,
que desde a criação do mundo
iluminastes todas as criaturas com o clarão do vosso amor.
Concedei que por meio da luz radiante de vosso Filho Jesus Cristo,
sejam dissipadas as trevas do mal
e fazei que esta nova vida gestada na fé e no amor,
chegue com perfeita saúde à luz deste mundo.
Iluminai e assisti com o auxílio do Espírito Santo
a mãe desta criança, (dizer o nome da mãe),
para que geste no coração e na vida,
o fruto bendito do seu ventre.
Que a exemplo da Sagrada Família de Nazaré,
estejam todos unidos pelo vínculo de amor
que existe no seio da Trindade Santa. Assim seja!

ILUMINADOS PELA VIDA

Dirigente: A fé é dom e graça de Deus. Por meio da luz da fé temos acesso às coisas invisíveis reveladas por Deus. Nela entramos em comunhão com Deus e recebemos a vida divina através do batismo. Se por meio de nossos pais, viemos à luz deste mundo por meio do batismo e na luz da fé, nascemos para a vida eterna como filhos de Deus. Portanto, sob a luz da fé queremos recordar a data do nosso batismo, o nosso padrinho e madrinha, nossos catequistas e dizer brevemente o sentido da fé em nossa vida.

(Partilha espontânea dos participantes.)

ILUMINADOS PELA PALAVRA DE DEUS E DA IGREJA

Texto bíblico: Jo 14,1-7.

Dirigente: O texto do Evangelho narrado por São João afirma que pela luz da fé encontramos paz em nosso coração. Pela fé temos a certeza de que não estamos sós e que o Senhor vem em auxílio das nossas necessidades, dissipando o medo e toda espécie de escuridão.

Todos: O Senhor é a luz da nossa fé: Ele é o Caminho, a Verdade e a Vida.

Leitor: Pelo amor Deus nos dá a graça de habitar no aconchego do ventre materno. Pelo mesmo amor e pela fé nos acolhe no ventre materno da Igreja, gerando para a vida eterna nas águas batismais.

Todos: Vede que grande presente de amor o Pai nos deu: de sermos chamados filhos de Deus.

PALAVRA DA IGREJA

Dirigente: O papa Francisco, na carta encíclica *Lumen Fidei* – A Luz da Fé –, diz que "Aquele que acredita, ao aceitar o dom da fé, é transformado numa nova criatura, recebe um novo ser, um ser filial, torna-se filho no Filho: «*Abbá*, Pai» é a palavra mais característica da experiência de Jesus, que se torna centro da experiência cristã (cf. Rm 8, 15)". (LF 19)

ILUMINADOS PELA PARTILHA DA PALAVRA

1. O que mais me tocou no texto do Evangelho segundo São João?
2. Como é que a fé pode iluminar a nossa vida?
3. Como gestar com a luz da fé esta criança ainda no ventre materno?
4. Por que através da fé nos tornamos filhos de Deus?

REZAR A PALAVRA DE DEUS

Dirigente: Na certeza de que a luz da fé nos coloca em comunhão com o Deus da vida, elevemos a Ele as nossas súplicas.

R. Iluminai-nos Senhor, com o dom da fé.

Leitor: Para que esta vida nova gestada no ventre materno e no coração de seus familiares seja, desde já, nutrida pela luz da fé que é por nós professada e testemunhada, rezemos. **R.**

Leitor: Para que a luz da fé nos liberte do pecado, da tristeza, do vazio interior e do isolamento, rezemos. **R.**

Leitor: Para que a luz da fé conduza esta criança ao seu nascimento, a fim de que se torne filha de Deus nas águas do batismo, rezemos. **R.**

(Preces espontâneas.)

Dirigente: Concluamos as nossas preces, professando a fé que recebemos da Igreja:

Todos:

Creio em um só Deus, Pai Todo-Poderoso, criador do céu e da terra, / de todas as coisas visíveis e invisíveis. / Creio em um só Senhor, Jesus Cristo, Filho Unigênito de Deus, / nascido do Pai antes de todos os séculos: Deus de Deus, luz da luz, / Deus verdadeiro de Deus verdadeiro, / gerado, não criado, consubstancial ao Pai. / Por ele todas as coisas foram feitas. / E por nós, homens, e para nossa salvação, desceu dos céus: e se encarnou pelo Espírito Santo, / no seio da Virgem Maria, e se fez homem. / Também por nós foi crucificado sob Pôncio Pilatos; / padeceu e foi sepultado. / Ressuscitou ao terceiro dia, / conforme as Escrituras, / e subiu aos céus, / onde está sentado à direita do Pai. / E de novo há de vir, / em sua glória, / para julgar os vivos e os mortos; / e o seu reino não terá fim. / Creio no Espírito Santo, / Senhor que dá a vida, / e procede do Pai e do Filho; / e com o Pai e o Filho é adorado e glorificado: / ele que falou pelos profetas. / Creio na Igreja, una, santa, católica e apostólica. / Professo um só batismo para remissão dos pecados. / E espero a ressurreição dos mortos / e a vida do mundo que há de vir. Amém!

Dirigente: Manifestando a alegria por sermos iluminados neste encontro fraterno da vida, rezemos, como filhos e filhas de Deus nosso Pai, a oração que Jesus nos ensinou:

Todos: Pai nosso que estais nos céus, santificado seja o vosso nome...

Dirigente: À Maria, a serva fiel que acolheu no seu ventre e em sua vida a Palavra do Senhor, recorremos, pedindo a sua maternal intercessão para este novo filho de Deus que está sendo gestado à luz da fé cristã católica, rezemos:

Todos: Ave Maria, cheia de graça, o Senhor é convosco...

Dirigente: Bem-aventurada aquela que acreditou.

Todos: Porque vai acontecer o que o Senhor lhe prometeu.

Dirigente: Glória ao Pai e ao Filho e ao Espírito Santo.

Todos: Como era no princípio, agora e sempre. Amém!

COMPROMISSO DESTE ENCONTRO

Vamos rezar diariamente as orações propostas no compromisso dos dois primeiros encontros.

1. Se possível, cada um procure estar visitando os seus padrinhos de batismo ou seu(s) afilhado(s) de batismo.

2. Os genitores comecem a pensar quem irão convidar para serem os padrinhos de batismo da criança que está sendo gestada. Nesse processo procurem saber se os candidatos a padrinhos estão de acordo com o que a fé cristã católica exige.

3. Eleger as principais qualidades que consideram necessárias aos padrinhos de seu filho(a) e analisá-las em relação àqueles que relacionarem como candidatos a padrinhos.

REGISTRAR ESTE CÉLEBRE MOMENTO

Uma foto deste encontro poderá ser tirada e depois de impressa colada no espaço a seguir, como registro deste encontro celebrativo. Escrever as qualidades que desejam para os padrinhos de seu filho(a).

GESTAR A VIDA CRISTÃ NA LUZ DA ORAÇÃO
4º Encontro

Preparando o Encontro

Mesinha com Bíblia, vela, um pequeno vaso com flores, cartaz da atividade do encontro passado. Convidar se possível, familiares e amigos próximos para participar.

Iniciando nosso encontro

Dirigente: Na alegria que brota da fé, sejam todos bem-vindos. Hoje queremos celebrar o dom da vida cristã iluminada pela força da oração. É na oração que Deus Pai vem ao nosso encontro por meio de seu Filho, Jesus Cristo. Nela Deus fala no íntimo do nosso coração, iluminando toda a nossa vida. Por meio dela queremos suplicar ao Pai que abençoe esta nova família cristã que está sendo gestada na fé da Igreja.

Iniciemos nossa oração, traçando sobre nós o sinal da cruz.

Dirigente: Em nome do Pai e do Filho e do Espírito Santo.

Todos: Amém!

Dirigente: O Senhor Jesus que disse "Eu sou o caminho, a verdade e a vida" (Jo 14,6), esteja convosco.

Todos: Bendito seja Deus que nos reuniu no amor de Cristo!

Dirigente: Que a graça e a Paz de Deus nosso Pai, que hoje nos reuniu em nome do seu filho, Jesus Cristo, esteja sempre convosco!

Todos: Bendito seja Deus que nos reuniu no amor de Cristo!

Dirigente: Vamos invocar o Espírito Santo de Deus, para vir em nosso auxílio, para que possamos ouvir atentamente a Palavra de Deus, meditar e guardá-la em nosso coração. Rezemos juntos:

Todos:

"Vinde Espírito Santo, enchei os corações dos vossos fiéis. E acendei neles o fogo do Vosso amor. Enviai o Vosso Espírito e tudo será

criado, e renovareis a face da terra.

Oremos: *Deus, que instruístes os corações dos vossos fiéis com a Luz do Espírito Santo, fazei que apreciemos retamente todas as coisas, segundo o mesmo Espírito, e gozemos sempre da Sua consolação. Por Cristo Senhor Nosso." Amém!*

Todos:

Ó Deus, nosso Pai,

que desde a criação do mundo

iluminastes todas as criaturas com o clarão do vosso amor.

Concedei que por meio da luz radiante de vosso Filho Jesus Cristo,

sejam dissipadas as trevas do mal

e fazei que esta nova vida gestada na fé e no amor,

chegue com perfeita saúde à luz deste mundo.

Iluminai e assisti com o auxílio do Espírito Santo

a mãe desta criança, (dizer o nome da mãe),

para que geste no coração e na vida,

o fruto bendito do seu ventre.

Que a exemplo da Sagrada Família de Nazaré,

estejam todos unidos pelo vínculo de amor

que existe no seio da Trindade Santa. Assim seja!

ILUMINADOS PELA VIDA

Dirigente: Somente na luz da fé e na luz da oração é que conseguimos acolher a vontade de Deus em nossa vida e vencer as dificuldades no nosso dia a dia. É sob a luz da oração que cultivamos, interiormente e comunitariamente, o mandamento do amor a Deus e ao próximo. Na oração descobrimos que não estamos sós em todas as circunstâncias da vida. Nela, ainda, encontramos a luz para vencer as trevas do pecado e superar nossas limitações. Portanto, partilhemos um pouco sobre a nossa vida de oração.

(Partilha espontânea dos participantes.)

ILUMINADOS PELA PALAVRA DE DEUS E DA IGREJA

Texto bíblico: Lc 1, 26-45.

Dirigente: Maria, surpreendida pelo anúncio do anjo, acolhe na luz da fé a alegre notícia que a encherá com a graça de Deus: "Eis que conceberás e darás à luz um filho e lhe porás o nome de Jesus. Ele será grande e será chamado Filho do Altíssimo" (Lc 1,31).

Todos: Sob a luz da oração, a exemplo de Maria, queremos dar o nosso sim a Deus, dizendo: "Eis aqui a serva do Senhor. Aconteça comigo segundo a tua palavra" (Lc 1,38).

Leitor: Após acolher a mensagem do anjo, Maria tem pressa em comunicar o dom da graça recebida de sua prima Isabel, que, orou dizendo: "Bendita és tu entre as mulheres, e bendito é o fruto do teu ventre!" (Lc 1,42).

Todos: Com Maria, rezamos: "O poderoso fez em mim grandes coisas: o seu nome é santo" (Lc 1,49).

PALAVRA DA IGREJA

Dirigente: No *Tratado sobre a Oração do Senhor* de São Cipriano, ele diz: "...quanta consideração por nós e quanta riqueza de bondade em querer que realizássemos nossa oração, na presença de Deus, chamando-o de Pai, e que da mesma forma que Cristo é Filho de Deus, também nós recebemos o nome de filhos de Deus. Nenhum de nós ousaria chamá-lo Pai na oração, se ele próprio não nos permitisse orar assim. Irmãos diletíssimos, cumpre-nos ter sempre em mente e saber que, quando damos a Deus o nome de Pai, temos de agir como filhos: como a nossa alegria está em Deus Pai, também ele encontre a sua alegria em nós. Vivamos quais templos de Deus, para que se veja que em nós habita o Senhor" (Nn. 11-12: CSEL 3,274-275).

ILUMINADOS PELA PARTILHA DA PALAVRA

1. O que mais me tocou no texto do Evangelho segundo São Lucas?

2. Como fazer com que a oração seja um diálogo com Deus nosso Pai?

3. Como gestar com a luz da oração esta criança ainda no ventre materno?

4. Estamos sendo fiéis nas orações que propomos fazer desde o primeiro encontro para que esta criança seja gestada sob a luz da nossa oração?

REZAR A PALAVRA DE DEUS

Dirigente: Sob a luz da oração, apresentemos nossas súplicas a Deus, nosso Pai.

R. Atendei, ó Senhor, a nossa oração.

Leitor: Para que esta vida nova gestada no ventre materno e no coração de seus familiares seja, desde já, nutrida pela luz da nossa oração fraterna, rezemos. **R.**

Leitor: Para que a luz da oração nos auxilie nos momentos difíceis da vida e faça de nós uma habitação do Senhor, rezemos. **R.**

Leitor: Para que a luz da oração nutra esta criança com o amor de Deus-Pai, concedendo-lhe saúde e livrando-a de todos os males, rezemos. **R.**

(Preces espontâneas.)

BÊNÇÃO PARA GRÁVIDAS

Dirigente: Estendendo nossa mão direita em direção a esta mãe, peçamos a Deus-Pai que a abençoe juntamente com o fruto bendito que traz em seu ventre. Rezemos:

Todos:

Senhor Deus, criador do gênero humano, cujo Filho, pelo poder do Espírito Santo, se dignou nascer da Virgem Maria, para redimir e salvar os homens, libertando-os da dívida do antigo pecado, escutai com bondade as preces desta mãe, que confiante Vos suplica pela saúde de seu filho que vai nascer, e concedei-lhe um parto feliz; que o filho desta mãe, ingressando pelo Batismo na comunidade cristã, venha a conhecer-Vos e a amar-Vos, Vos sirva dedicadamente e alcance a vida eterna. Por Nosso Senhor Jesus Cristo, Vosso Filho, na Unidade do Espírito Santo. Amém!

Gestante: À vossa proteção nos entregamos, Santa Mãe de Deus. Não desprezeis as nossas súplicas nas nossas necessidades, mas livrai-nos de todos os perigos, ó Virgem gloriosa e bendita.

Dirigente: Que Deus, Todo Poderoso, rico em Amor e Vida, abençoe esta mãe (N) e a criança bendita que traz em seu ventre.

Todos: Amém!

Dirigente: Que esta água benta recorde o nosso batismo e nos purifique de todo mal.

Todos: Amém!

Dirigente: Porque o Senhor também fez maravilhas nesta família, rezemos (cantemos) o *Magnificat (Lc 1,46-55).*

Todos:

A minh'alma engrandece o Senhor,
exulta meu espírito em Deus, meu Salvador!
Porque olhou para a humildade de sua serva,
doravante as gerações hão de chamar-me de bendita!
O Poderoso fez em mim maravilhas,
e Santo é seu nome!
Seu amor para sempre se estende,
sobre aqueles que O temem!
Manifesta o poder de seu braço,
dispersa os soberbos;
derruba os poderosos de seus tronos
e eleva os humildes;
sacia de bens os famintos,
despede os ricos sem nada.
Acolhe Israel, seu servidor,
fiel ao seu amor,
como havia prometido a nossos pais,
em favor de Abraão e de seus filhos para sempre!

Dirigente: Glória ao Pai e ao Filho e ao Espírito Santo.

Todos: Como era no princípio, agora e sempre. Amém!

Dirigente: Manifestando a alegria por sermos iluminados neste encontro fraterno da vida, rezemos, como filhos e filhas de Deus nosso Pai, a oração que Jesus nos ensinou:

Todos: Pai nosso que estais nos céus, santificado seja o vosso nome...

Dirigente: À Maria, a serva fiel que acolheu no seu ventre e em sua vida a Palavra do Senhor, recorremos, pedindo a sua maternal intercessão para este novo filho de Deus que está sendo gestado à luz da fé cristã católica, rezemos:

Todos: Ave Maria, cheia de graça, o Senhor é convosco...

Dirigente: Bem-aventurada aquela que acreditou.

Todos: Porque vai acontecer o que o Senhor lhe prometeu.

Dirigente: Glória ao Pai e ao Filho e ao Espírito Santo.

Todos: Como era no princípio, agora e sempre. Amém!

COMPROMISSO DESTE ENCONTRO

1. Iluminados pelo tema da oração, vamos manter o compromisso diário de rezar as orações propostas desde o início dos encontros.

2. Como resposta à luz da oração que no seu clarão nos faz ver mais facilmente a graça que Deus realiza em nós e, internamente, o que em nós precisa ser purificado, vamos assumir o compromisso de fazer a Confissão dos pecados, procurando um sacerdote para tomar parte no sacramento.

3. Para que a oração se transforme em ação, procuremos ajudar algum necessitado, dentro das possibilidades de cada um.

REGISTRAR ESTE CÉLEBRE MOMENTO

Uma foto deste encontro poderá ser tirada e depois de impressa colada no espaço a seguir, como registro deste encontro celebrativo. Escolher e escrever uma oração, que desejam rezar com o filho(a), tornando-a especial para a família.

GESTAR A VIDA CRISTÃ COM UMA IDENTIDADE
5º Encontro

Preparando o Encontro

Pequeno altar como nos encontros passados. Convidar se possível, familiares e amigos próximos para participar.

Iniciando nosso encontro

Dirigente: Sejam todos bem-vindos para este encontro onde celebramos o dom da vida cristã. Hoje queremos rezar sobre a nossa identidade cristã através do nome que possuímos. Deste modo, auxiliaremos os pais deste(a) filho(a) de Deus que gestamos na fé a se prepararem para a escolha do nome que lhe darão e que será apresentado no dia do Batismo. Na tradição cristã, o nome pode indicar uma graça, uma missão ou uma identidade com Deus. São Paciano, bispo de Barcelona, dizia: "Cristão é meu nome e católico é meu sobrenome. Um me designa, enquanto o outro me especifica. Um me distingue, o outro me especifica. É por este sobrenome que o nosso povo é distinguido dos que são chamados heréticos" (Carta a *Sympronian*, ano 375). Certos de que Deus se revela a nós como Deus-Pai, Deus-Filho e Deus-Espírito-Santo, iniciemos com o sinal da nossa fé.

Dirigente: Em nome do Pai e do Filho e do Espírito Santo.

Todos: Amém!

Dirigente: O Senhor Jesus que disse "Eu sou o caminho, a verdade e a vida" (Jo 14,6), esteja convosco.

Todos: Bendito seja Deus que nos reuniu no amor de Cristo!

Dirigente: Que a graça e a Paz de Deus nosso Pai, que hoje nos reuniu em nome do seu filho, Jesus Cristo, esteja sempre convosco!

Todos: Bendito seja Deus que nos reuniu no amor de Cristo!

Dirigente: Vamos invocar o Espírito Santo de Deus, para vir em nosso auxílio, para que possamos ouvir atentamente a Palavra de Deus, meditar e guardá-la em nosso coração. Rezemos juntos:

Todos:

"Vinde Espírito Santo, enchei os corações dos vossos fiéis. E acendei neles o fogo do Vosso amor. Enviai o Vosso Espírito e tudo será criado, e renovareis a face da terra.

Oremos: *Deus, que instruístes os corações dos vossos fiéis com a Luz do Espírito Santo, fazei que apreciemos retamente todas as coisas, segundo o mesmo Espírito, e gozemos sempre da Sua consolação. Por Cristo Senhor Nosso." Amém!*

Todos:

Ó Deus, nosso Pai,
que desde a criação do mundo
iluminastes todas as criaturas com o clarão do vosso amor.
Concedei que por meio da luz radiante de vosso Filho Jesus Cristo,
sejam dissipadas as trevas do mal
e fazei que esta nova vida gestada na fé e no amor,
chegue com perfeita saúde à luz deste mundo.
Iluminai e assisti com o auxílio do Espírito Santo
a mãe desta criança, (dizer o nome da mãe),
para que geste no coração e na vida,
o fruto bendito do seu ventre.
Que a exemplo da Sagrada Família de Nazaré,
estejam todos unidos pelo vínculo de amor
que existe no seio da Trindade Santa. Assim seja!

ILUMINADOS PELA VIDA

Dirigente: A nossa primeira identificação está no nome que nos foi dado. Portanto, o nome é um sinal que caracteriza a nossa existência cristã. Em sua grande maioria, o nome tem uma origem e um significado, uma história. Vamos partilhar um pouco sobre a origem do nosso nome: se sabemos qual o seu significado e a sua origem; o porquê nossos pais nos deram este nome; como foi a escolha deste nome; etc. Partilhemos.

(Partilha espontânea dos participantes.)

ILUMINADOS PELA PALAVRA DE DEUS E DA IGREJA

Textos Bíblicos

Leitor 1: Mateus 1,18-25.

Leitor 2: Lucas 1,57-66.

Dirigente: No Evangelho narrado por São Mateus, José, vai dormir com o coração aflito sobre tudo o que estava acontecendo em sua vida e com Maria. Após um sono restaurador e iluminado por Deus que lhe fala por meio do anjo, não segue mais as intuições humanas que estavam no seu coração mas agora, acordado e iluminado por Deus, realiza o vontade divina em sua vida, acolhendo Maria e o fruto bendito do seu ventre, dando-lhe um nome revelado por Deus. Chamará Jesus, que significa e indica a sua missão: "Javé salva". Com este nome, será reconhecido por outros nomes que significam a sua missão e revelam a sua identidade: Emanuel, que significa "Deus conosco", Príncipe da Paz, Filho do Homem, entre outros. O mais sublime de todos será o nome que dele recebemos, o de Filho de Deus Pai.

Todos: Em Jesus Cristo, Palavra encarnada, nós também queremos ser reconhecidos como filhos e filhas de Deus.

Leitor: No trecho do Evangelho segundo São Lucas, Zacarias e Isabel escolhem o nome de seu filho João, que significa "agraciado por Deus", devido o fato da sua mãe concebê-lo quando era estéril e por sua grande missão, ao ser considerado pelo próprio Jesus como "maior entre os nascidos de mulher" (Lc 7,28). Sendo o precursor de Jesus Cristo e por batizar o próprio autor do batismo e realizar o batismo de conversão, chamando todos para seguir Jesus Cristo, João teve seu nome composto, sendo reconhecido como João Batista.

Todos: Como João Batista também queremos apontar para Jesus e sermos reconhecidos como cristãos.

⋛ PALAVRA DA IGREJA

Dirigente: O *Catecismo da Igreja Católica*, nos números 2156-2159, apresenta aos católicos a seguinte instrução acerca do nome cristão:

Leitor 1: "O sacramento do Batismo é conferido «em nome do Pai e do Filho e do Espírito Santo» (Mt 28,19). No Batismo, o nome do Senhor santifica o homem, e o cristão recebe o seu próprio nome na Igreja. Este pode ser o de um santo, isto é, dum discípulo que levou uma vida de fidelidade exemplar ao seu Senhor. O patrocínio do santo oferece um modelo de caridade e assegura a sua intercessão. O «nome de batismo» pode também exprimir um mistério cristão ou uma virtude cristã. «Cuidem os pais, os padrinhos e o pároco que não se imponham nomes alheios ao sentir cristão» (CDC, cân. 855).

Leitor 2: O cristão começa o seu dia, as suas orações, as suas atividades, pelo sinal da cruz «em nome do Pai e do Filho e do Espírito Santo. Amém». O batizado consagra o dia à glória de Deus e apela para a graça do Salvador, que lhe permite agir no Espírito, como filho do Pai. O sinal da cruz fortalece-nos nas tentações e nas dificuldades.

Leitor 1: Deus chama a cada um pelo seu nome (cf. Is 43,1; Jo 10,3). O nome de todo o homem é sagrado. O nome é a imagem da pessoa. Exige respeito, como sinal da dignidade de quem por ele se identifica.

Leitor 2: O nome recebido é um nome eterno. No Reino, o carácter misterioso e único de cada pessoa marcada com o nome de Deus resplandecerá em plena luz. «Ao vencedor [...] dar-lhe-ei uma pedra na qual estará escrito um novo nome, que ninguém conhece, a não ser aquele que a recebe» (Ap 2,17). «Olhei e vi: o Cordeiro estava sobre o monte de Sião, e com Ele cento e quarenta e quatro mil pessoas, que tinham inscrito na fronte o nome d'Ele e o nome de seu Pai» (Ap 14,1)".

ILUMINADOS PELA PARTILHA DA PALAVRA

1. O que mais me tocou nos textos dos Evangelhos segundo São Mateus e São Lucas?
2. O que me chamou a atenção no ensinamento do *Catecismo* sobre o nome cristão?
3. Além do sentido cristão, que outros cuidados devemos tomar ao escolher o nome para os filhos?
4. Por que devemos ser reconhecidos como cristãos, filhos de Deus?

REZAR A PALAVRA DE DEUS

Dirigente: Certos de que Deus nos reconhece pelo nome ao atender as nossas orações, apresentemos nossas súplicas a Deus, nosso Pai:

R. Deus, nosso Pai, atendei a oração dos vossos filhos e filhas.

Leitor: Para que todos os cristãos santifiquem o nome do Senhor, acolhendo a vontade de Deus e vivendo o mandamento do amor, rezemos. **R.**

Leitor: Para que todos os filhos de Deus glorifiquem o Senhor através do nome que recebeu no batismo e por meio do próprio testemunho de vida, rezemos. **R.**

Leitor: Para que esta vida nova gestada no ventre materno e no coração de seus familiares receba um nome santificado e dignificado como filho de Deus, rezemos. **R.**

(Preces espontâneas.)

Dirigente: Cheios do Espírito Santo, rezemos o *Cântico de Zacarias* (Lc 1,68-69):

Todos:

"Bendito seja o Senhor, Deus de Israel,
porque visitou e redimiu o seu povo,
e suscitou-nos um poderoso Salvador,
na casa de Davi, seu servo;
como havia anunciado, desde os primeiros tempos,
mediante os seus santos profetas,
para nos livrar dos nossos inimigos

e das mãos de todos os que nos odeiam.
Assim exerce a sua misericórdia com nossos pais,
e se recorda de sua santa aliança,
segundo o juramento que fez a nosso pai Abraão:
de nos conceder que, sem temor,
libertados de mãos inimigas, possamos servi-lo
em santidade e justiça, em sua presença,
todos os dias da nossa vida.
E tu, menino, serás chamado profeta do Altíssimo,
porque precederás o Senhor e lhe prepararás o caminho,
para dar ao seu povo conhecer a salvação,
pelo perdão dos pecados.
Graças à ternura e misericórdia de nosso Deus,
que nos vai trazer do alto a visita do Sol nascente,
que há de iluminar os que jazem nas trevas e na sombra da morte
e dirigir os nossos passos no caminho da paz."

Dirigente: Glória ao Pai e ao Filho e ao Espírito Santo.

Todos: Como era no princípio, agora e sempre. Amém!

GESTO SIMBÓLICO: INSCRIÇÃO SIMBÓLICA DO NOME

Dirigente: Iluminados pela Palavra de Deus e inspirados no gesto de Zacarias, entregamos aos pais (ou à mãe) esta tabuinha para que nela e nos seus corações sejam inscritos o nome do filho de Deus que gestam na fé. Guardem consigo e, após o amadurecimento na escolha do nome do(a) vosso(a) filho(a) e alguns instante de oração pessoal, façam a inscrição do mesmo nesta tábua para que este santo nome seja lembrado no dia do seu batismo.

Dirigente: Manifestando a alegria por sermos iluminados neste encontro fraterno da vida, rezemos, como filhos e filhas de Deus nosso Pai, a oração que Jesus nos ensinou:

Todos: Pai nosso que estais nos céus, santificado seja o vosso nome...

Dirigente: À Maria, a serva fiel que acolheu no seu ventre e em sua vida a Palavra do Senhor, recorremos, pedindo a sua maternal intercessão para este novo filho de Deus que está sendo gestado à luz da fé cristã católica:

Todos: Ave Maria, cheia de graça, o Senhor é convosco...

Dirigente: Bem-aventurada aquela que acreditou.

Todos: Porque vai acontecer o que o Senhor lhe prometeu.

Dirigente: Glória ao Pai e ao Filho e ao Espírito Santo.

Todos: Como era no princípio, agora e sempre. Amém!

COMPROMISSO DESTE ENCONTRO

1. Manter o compromisso diário de rezar as orações propostas desde o início dos encontros.

2. Caso os genitores ainda não tenham escolhido o nome para seu filho ou sua filha que irá nascer, procurem todos os dias rezar pedindo a luz do Espírito Santo, para que sejam iluminados na escolha do nome. Além da oração para ajudá-los a bem escolher o nome, é importante analisar as repercussões da escolha: apelidos que pode gerar e constranger a criança, facilidade para a criança escrever seu próprio nome e outros aspectos que favoreçam à criança conviver bem com o nome escolhido.

3. Assim que o nome estiver seguramente definido, fazer a inscrição na tabuinha que receberam.

4. Todos os participantes se comprometem a rezar por esta escolha do nome e pela escolha dos padrinhos de batismo, caso estes ainda não estejam definidos.

REGISTRAR ESTE CÉLEBRE MOMENTO

Uma foto deste encontro poderá ser tirada e depois de impressa colada no espaço a seguir, como registro deste encontro celebrativo. Registrar as motivações para a escolha do nome da criança.

GESTAR A VIDA CRISTÃ NA LUZ DA FAMÍLIA

6º Encontro

Preparando o Encontro

Altar como organizado no encontro passado, bem como a tabuinha, que já poderá estar com o nome escrito caso já tenha sido definido pelos pais.

Iniciando nosso encontro

Dirigente: Sejam todos bem-vindos para este encontro da família cristã. Hoje queremos rezar sobre a luz da família na formação e na vivência da nossa fé. A família é fruto do amor conjugal entre um homem e uma mulher, que se doando um ao outro no amor, cooperam com a criação de Deus, gerando, no mesmo amor, uma nova vida. Com esta nova vida gestada na luz do amor e da fé, nasce não apenas um filho, mas com ele, nasce um pai e uma mãe. Assim como na Trindade Santa, o amor é o princípio da relação entre as três pessoas divinas, assim também os filhos, fruto do amor conjugal entre os esposos, geram a paternidade, a maternidade e, por meio destes, a filiação. Pai, mãe e filhos compõem a família, dom de Deus. Unidos pelo mesmo amor que existe na Santíssima Trindade, iniciemos com o sinal da nossa fé.

Dirigente: Em nome do Pai e do Filho e do Espírito Santo.

Todos: Amém!

Dirigente: O Senhor Jesus que disse "Eu sou o caminho, a verdade e a vida" (Jo 14,6), esteja convosco.

Todos: Bendito seja Deus que nos reuniu no amor de Cristo!

Dirigente: Que a graça e a Paz de Deus nosso Pai, que hoje nos reuniu em nome do seu filho, Jesus Cristo, esteja sempre convosco!

Todos: Bendito seja Deus que nos reuniu no amor de Cristo!

Dirigente: Vamos invocar o Espírito Santo de Deus, para vir em nosso auxílio, para que possamos ouvir atentamente a Palavra de Deus, meditar e guardá-la em nosso coração. Rezemos juntos:

Todos:

"Vinde Espírito Santo, enchei os corações dos vossos fiéis. E acendei neles o fogo do Vosso amor. Enviai o Vosso Espírito e tudo será criado, e renovareis a face da terra.

Oremos: *Deus, que instruístes os corações dos vossos fiéis com a Luz do Espírito Santo, fazei que apreciemos retamente todas as coisas, segundo o mesmo Espírito, e gozemos sempre da Sua consolação. Por Cristo Senhor Nosso." Amém!*

Todos:

Ó Deus, nosso Pai,
que desde a criação do mundo
iluminastes todas as criaturas com o clarão do vosso amor.
Concedei que por meio da luz radiante de vosso Filho Jesus Cristo,
sejam dissipadas as trevas do mal
e fazei que esta nova vida gestada na fé e no amor,
chegue com perfeita saúde à luz deste mundo.
Iluminai e assisti com o auxílio do Espírito Santo
a mãe desta criança, (dizer o nome da mãe),
para que geste no coração e na vida,
o fruto bendito do seu ventre.
Que a exemplo da Sagrada Família de Nazaré,
estejam todos unidos pelo vínculo de amor
que existe no seio da Trindade Santa. Assim seja!

ILUMINADOS PELA VIDA

Dirigente: *O Ritual de Bênçãos,* no número 49, afirma que "a família recebeu pelo sacramento do matrimônio a graça e uma vida nova; por isso, tem importância particular para a Igreja como para a sociedade civil, sendo ela a célula primeira e vital de ambas". Dada a sua importância, vamos conhecer um pouco sobre a família dos genitores (ou da mãe), partilhando brevemente conosco como é sua família, quem são, entre outros.

(Partilha espontânea dos genitores, ou, na ausência do pai, apenas da mãe.)

ILUMINADOS PELA PALAVRA DE DEUS E DA IGREJA

Texto bíblico: Ef 5,21–6,4.

Dirigente: O texto bíblico equipara o amor conjugal ao amor de Jesus Cristo pela Igreja. Como Cristo deu a sua vida pela Igreja que é seu povo e com este povo fez uma aliança de amor, assim também o homem ame sua esposa de modo que sejam uma só pessoa, uma só carne. Essa entrega de amor que une o homem e a mulher é capaz de produzir um fruto precioso e bendito: os filhos, dádiva do amor conjugal. E assim nasce a família: filhos, pai e mãe.

Todos: Unidos pelo amor que vem de Deus, queremos ser uma família cristã.

Leitor: No último versículo é suplicado aos pais que "criem os filhos, educando-os e corrigindo-os como quer o Senhor"(Ef 6,4). Que pais, padrinho, madrinha e demais familiares sejam os primeiros catequistas para esta criança que vai nascer, transmitindo-lhe os valores da fé através da vida de oração e do testemunho cristão.

Todos: Como família de Deus, queremos transmitir a fé para nossos filhos e afilhados.

⋧ PALAVRA DA IGREJA

Dirigente: O *Catecismo da Igreja Católica*, nos números 2204-2206, apresenta aos católicos a seguinte instrução acerca da família cristã.

Leitor 1: "Uma revelação e atuação específica da comunhão eclesial, [isto é, a Igreja] é constituída pela família cristã, que também, por isso, se pode e se deve chamar de *Igreja doméstica*" (cf. LG 11). É uma comunidade de fé, de esperança e de caridade; na Igreja ela tem a importância singular, como se vê no Novo Testamento (cf. Ef 5,21–6,4).

Leitor 2: A família cristã é uma comunhão de pessoas, vestígio e imagem da comunhão do Pai, do Filho e do Espírito Santo. Sua atividade procriadora e educadora é o reflexo da obra criadora do Pai. Ela é chamada a partilhar da oração e do sacrifício de Cristo. A oração cotidiana e a leitura da Palavra de Deus fortifica nela a caridade. A família cristã é evangelizadora e missionária.

Leitor 1: As relações dentro da família acarretam uma afinidade de sentimentos, de afetos e de interesses, afinidade essa que provém, sobretudo, do respeito mútuo entre as pessoas. A família é uma *comunidade privilegiada*, chamada a realizar uma carinhosa abertura recíproca de alma entre os cônjuges e também uma atenta cooperação dos pais na educação dos filhos (cf.GS 52,1).

ILUMINADOS PELA PARTILHA DA PALAVRA

1. O que mais me tocou no texto da carta aos Efésios?

2. O que me chamou a atenção no ensinamento do *Catecismo* sobre a família cristã?

3. Por que com o nascimento do primeiro filho, nasce com ele a pessoa da mãe e a pessoa do pai, antes considerados apenas como esposos?

4. Segundo o Papa Francisco, "A Bíblia também considera a família como a sede da catequese dos filhos" (AL, n. 16). Como estamos educando nossos filhos na fé da Igreja?

REZAR A PALAVRA DE DEUS

Dirigente: Reunidos na força do Amor que nos faz ser família de Deus, elevemos nossas súplicas a Deus-Pai:

R. Abençoa, Senhor, nossas famílias.

Leitor: Para que a exemplo da família de Nazaré, saibamos viver unidos no amor e à luz da Palavra de Deus, rezemos. **R.**

Leitor: Para que não falte a educação na fé a esta criança que vai nascer e a todas as crianças, rezemos. **R.**

Leitor: Que a família seja respeitada e viva sempre de acordo com a fé cristã, rezemos. **R.**

(Preces espontâneas.)

BÊNÇÃO PARA A FAMÍLIA

Dirigente: Estendendo nossa mão direita em direção a esta família, peçamos a Deus-Pai que abençoe cada um de seus membros. Rezemos:

Todos:

Ó Deus, criador
e misericordioso salvador do vosso povo.
Vós quisestes fazer da família,
constituída pela aliança nupcial,
o sacramento de Cristo e da Igreja;
derramai copiosa bênção sobre esta família,
reunida em vosso nome,
a fim de que os que nela vivem num só amor,
possam, com fervor e constância na oração,
ajudar-se uns aos outros em todas as necessidades da vida
e mostrar sua fé pela palavra e pelo exemplo.
Por Cristo, nosso Senhor. Amém!

Dirigente: Que esta água benta recorde o nosso batismo e faça o amor de Deus fecundar em nossas famílias.

Todos: Amém!

Dirigente: Como família cristã, rezemos a "Oração à Santa Família", escrita pelo Papa Francisco:

Todos:

"Jesus, Maria e José,
em Vós contemplamos
o esplendor do verdadeiro amor,
confiantes, a Vós nos consagramos.
Sagrada Família de Nazaré,
tornai também as nossas famílias
lugares de comunhão e cenáculos de oração,
autênticas escolas do Evangelho
e pequenas igrejas domésticas.
Sagrada Família de Nazaré,

> *que nunca mais haja nas famílias*
> *episódios de violência, de fechamento e divisão;*
> *e quem tiver sido ferido ou escandalizado*
> *seja rapidamente consolado e curado.*
> *Sagrada Família de Nazaré,*
> *fazei que todos nos tornemos conscientes*
> *do carácter sagrado e inviolável da família,*
> *da sua beleza no projeto de Deus.*
> *Jesus, Maria e José,*
> *ouvi-nos e acolhei a nossa súplica.*
> *Amém!" (AL, n. 325)*

Dirigente: Manifestando a alegria por sermos iluminados neste encontro fraterno da vida, rezemos, como filhos e filhas de Deus nosso Pai, a oração que Jesus nos ensinou:

Todos: Pai nosso que estais nos céus, santificado seja o vosso nome...

Dirigente: À Maria, a serva fiel que acolheu no seu ventre e em sua vida a Palavra do Senhor, recorremos, pedindo a sua maternal intercessão para este novo filho de Deus que está sendo gestado à luz da fé cristã católica:

Todos: Ave Maria, cheia de graça, o Senhor é convosco...

Dirigente: Bem-aventurada aquela que acreditou.

Todos: Porque vai acontecer o que o Senhor lhe prometeu.

Dirigente: Glória ao Pai e ao Filho e ao Espírito Santo.

Todos: Como era no princípio, agora e sempre. Amém!

COMPROMISSO DESTE ENCONTRO

1. Vamos manter o compromisso diário de rezar as orações propostas desde o início dos encontros.

2. Os genitores conversam sobre a frase: <u>Com esta nova vida nasce não apenas um filho, mas com ele, nasce um pai e uma mãe</u>. A partir dela questionar-se sobre o modelo de educação que pretendem

realizar e relacionem as atitudes educacionais necessárias ao bom desenvolvimento do filho(a) nas diferentes dimensões da vida.

3. Convidar aos que serão padrinhos de batismo para que estejam presentes no próximo encontro, se ainda não estiverem participando.

> Combinar a Confraternização prescrita no próximo e último encontro (7º). Conferir "Partilha do Pão".

REGISTRAR ESTE CÉLEBRE MOMENTO

Uma foto deste encontro poderá ser tirada e depois de impressa colada no espaço a seguir, como registro deste encontro celebrativo. Anotar as atitudes que almejam exercitar na educação do filho(a) que está sendo gestado, após o seu nascimento.

GESTAR A VIDA CRISTÃ NA LUZ DA COMUNIDADE
7º Encontro

Preparando o Encontro

Altar organizado como no encontro passado e quarto do bebê ou espaço em que irá dormir para que possa ser abençoado. Caso o encontro não seja realizado na casa da família, poderá ser levado um objeto que irá permanecer no quarto do bebê.

Iniciando nosso encontro

Dirigente: Como comunidade de fé reunida em nome do Senhor, sejamos bem-vindos para o nosso encontro fraterno. Hoje queremos rezar sobre a luz da comunidade cristã, local do encontro e do amadurecimento na fé. Como comunidade reunida em nome do Senhor, formamos a Igreja, que é o corpo místico do Senhor. "Pois onde dois ou três estiverem reunidos em meu nome, eu estou aí no meio deles" (Mt 18,20), disse o Senhor. Certos da Sua presença, iniciemos com o sinal da nossa fé.

Dirigente: Em nome do Pai e do Filho e do Espírito Santo.

Todos: Amém!

Dirigente: O Senhor Jesus que disse "Eu sou o caminho, a verdade e a vida" (Jo 14,6), esteja convosco.

Todos: Bendito seja Deus que nos reuniu no amor de Cristo!

Dirigente: Que a graça e a Paz de Deus nosso Pai, que hoje nos reuniu em nome do seu filho, Jesus Cristo, esteja sempre convosco!

Todos: Bendito seja Deus que nos reuniu no amor de Cristo!

Dirigente: Vamos invocar o Espírito Santo de Deus, para vir em nosso auxílio, para que possamos ouvir atentamente a Palavra de Deus, meditar e guardá-la em nosso coração. Rezemos juntos:

Todos:

"Vinde Espírito Santo, enchei os corações dos vossos fiéis. E acendei neles o fogo do Vosso amor. Enviai o Vosso Espírito e tudo será criado, e renovareis a face da terra.

Oremos: *Deus, que instruístes os corações dos vossos fiéis com a Luz do Espírito Santo, fazei que apreciemos retamente todas as coisas, segundo o mesmo Espírito, e gozemos sempre da Sua consolação. Por Cristo Senhor Nosso." Amém!*

Todos:

Ó Deus, nosso Pai,
que desde a criação do mundo
iluminastes todas as criaturas com o clarão do vosso amor.
Concedei que por meio da luz radiante de vosso Filho Jesus Cristo,
sejam dissipadas as trevas do mal
e fazei que esta nova vida gestada na fé e no amor,
chegue com perfeita saúde à luz deste mundo.
Iluminai e assisti com o auxílio do Espírito Santo
a mãe desta criança, (dizer o nome da mãe),
para que geste no coração e na vida,
o fruto bendito do seu ventre.
Que a exemplo da Sagrada Família de Nazaré,
estejam todos unidos pelo vínculo de amor
que existe no seio da Trindade Santa. Assim seja!

ILUMINADOS PELA VIDA

Dirigente: É tomando parte da comunidade cristã através do batismo que somos incorporados ao corpo místico de Cristo, que é sua Igreja. Nela crescemos na fé por meio da instrução catequética, da participação nos sacramentos e na vida fraterna-comunitária.

Além do testemunho e do ensinamento de nossos pais e padrinhos, tivemos o auxílio dos nossos catequistas, verdadeiros evangelizadores e benfeitores na transmissão da fé. Portanto vamos recordar quem foram nossos catequistas e, se possível, partilhar algum ensinamento que deles recebemos e que marcou a nossa vida cristã. Partilhemos.

(Partilha espontânea dos participantes.)

ILUMINADOS PELA PALAVRA DE DEUS E DA IGREJA

Texto bíblico: At 4,32-37.

Dirigente: O livro dos Atos dos Apóstolos, ao retratar as primeiras comunidades cristãs, inicia recordando que "a multidão dos féis era um só coração e uma só alma" (At 4,32). Ciente desta unidade, o Documento de Aparecida afirma que "a dimensão comunitária é intrínseca ao mistério e à realidade da Igreja que deve refletir a Santíssima Trindade" (DAp, n. 304).

Todos: Em comunidade, queremos viver a unidade e a santidade da fé católica transmitida pelos Apóstolos.

Leitor: Ao retratar as primeiras comunidades, os Apóstolos descrevem que "entre eles ninguém passava necessidades" (At 4,34). Quando vivemos em comunidade partilhamos uns com os outros tudo o que somos e que temos. Assim como o Senhor ofereceu sua vida por nós e nos dignificou como filhos e filhas de Deus-Pai, também nós somos chamados ao testemunho da partilha e do amor fraterno.

Todos: Somos comunidade de Amor, um só coração e uma só alma.

⋛ PALAVRA DA IGREJA

Dirigente: O Concílio Vaticano II, na constituição pastoral, intitulada de *Gaudium et spes (As Alegrias e as Esperanças), sobre a Igreja no mundo de hoje,* em seu número 1, inicia falando da *união íntima da Igreja com toda a família de Deus,* formando a comunidade cristã:

Leitor: As alegrias e as esperanças, as tristezas e as angústias dos homens de hoje, sobretudo dos pobres e de todos aqueles que sofrem, são também as alegrias e as esperanças, as tristezas e as angústias dos discípulos de Cristo; e não há realidade alguma verdadeiramente humana que não encontre eco no seu coração. Porque a sua comunidade é formada por homens, que, reunidos em Cristo, são guiados pelo Espírito Santo na sua peregrinação em demanda do reino do Pai, e receberam a mensagem da salvação para a comunicar a todos. Por este motivo, a Igreja sente-se real e intimamente ligada ao gênero humano e à sua história (cf. GS, n. 1).

ILUMINADOS PELA PARTILHA DA PALAVRA

1. O que mais me tocou no texto dos Atos dos Apóstolos?

2. O que me chamou a atenção no ensinamento da Constituição Pastoral sobre a Igreja no mundo hoje, do Concílio Vaticano II?

3. Por que devemos viver nossa dignidade batismal de filhos de Deus dentro de uma comunidade cristã?

4. Como tenho vivido a minha fé dentro da minha comunidade católica?

REZAR A PALAVRA DE DEUS

Dirigente: Como comunidade que celebra suas alegrias e esperanças, suas tristezas e angústias, apresentemos ao Senhor nossos pedidos:

R. Acolhei, Senhor, a prece da vossa Igreja.

Leitor: Que a exemplo da Santíssima Trindade, sejamos uma comunidade de amor, sendo um só coração e uma só alma, rezemos. **R.**

Leitor: Para que não falte evangelizadores em nossas comunidades, sobretudo na ação catequética, rezemos. **R.**

Leitor: Para que esta criança que vai nascer, seja acolhida na comunidade de fé e nela cresça com o auxílio de todos na vida cristã, rezemos. **R.**

(Preces espontâneas.)

BÊNÇÃO DO QUARTO DO BEBÊ

Dirigente: Vamos suplicar a bênção de Deus sobre este local em que abrigará o filho (sobre o objeto que fará parte do local que abrigará o filho) bendito que este(a) casal (família) aguarda com fé:

Todos:

O Senhor Deus, todo-poderoso,
que se dignou alegrar o mundo
com o nascimento temporal de seu Filho,
abençoe este local
que abrigará este(a) novo(a) filho(a) de Deus (nome da criança).
Que os anjos da guarda
venham em seu socorro nas necessidades,
protegendo de todos os males.
Dai-lhe, Senhor,
A graça de crescer em sabedoria e graça,
e a viver a fé que receberá da mãe Igreja.
Amém!

Dirigente: Que esta água benta seja um sinal da vida nova recebida no batismo e purifique este local de todo mal.

Todos: Amém!

Dirigente: Manifestando a alegria por sermos iluminados neste encontro fraterno da vida, rezemos, como filhos e filhas de Deus nosso Pai, a oração que Jesus nos ensinou:

Todos: Pai nosso que estais nos céus, santificado seja o vosso nome...

Dirigente: À Maria, a serva fiel que acolheu no seu ventre e em sua vida a Palavra do Senhor, recorremos, pedindo a sua maternal intercessão para este novo filho de Deus que está sendo gestado à luz da fé cristã católica, rezemos:

Todos: Ave Maria, cheia de graça, o Senhor é convosco...

Dirigente: Bem-aventurada aquela que acreditou.

Todos: Porque vai acontecer o que o Senhor lhe prometeu.

Dirigente: Glória ao Pai e ao Filho e ao Espírito Santo.

Todos: Como era no princípio, agora e sempre. Amém!

COMPROMISSO DESTE ENCONTRO

1. Como família vamos manter o compromisso diário de rezar as orações propostas desde o início dos encontros.

2. Refletir sobre a importância da participação nas celebrações da comunidade e quais serão os critérios adotados para promover a participação do filho(a), que está sendo gestado, na experiência da vida da comunidade, como um discípulo de Jesus.

3. Propor-se participar constantemente das celebrações da comunidade.

PARTILHA DO PÃO (Pequena Confraternização)

REGISTRAR ESTE CÉLEBRE MOMENTO

Uma foto deste encontro poderá ser tirada e depois de impressa colada no espaço a seguir, como registro deste encontro celebrativo. Escrever as motivações e critérios que almejam adotar para promover a participação do filho na comunidade de fé.

Segunda Etapa

Catequese próxima ao Batismo

Batizados em Cristo Jesus, em sua morte é que fomos batizados. Portanto, pelo Batismo fomos sepultados com ele na morte para que, como Cristo foi ressuscitado dentre os mortos pela glória do Pai, assim também nós vivamos vida.
(Rm 6,3-4)

PELO BATISMO, SOMOS FILHOS DE DEUS EM CRISTO
1º Encontro

Data:

Hora:

Local:

Neste primeiro tema, aprofundaremos sobre o significado do Sacramento do Batismo para a fé cristã católica, refletindo o que é o batismo, porque ele é necessário para a nossa salvação e quais são os seus efeitos para a vida do batizando.

ILUMINADOS PELA PALAVRA DE DEUS E DA IGREJA

Texto bíblico: Mt 28,16-20.

 ### CATEQUESE BATISMAL

A palavra Batismo vem do grego "baptízein" e que significa "mergulhar", "imergir". É um mergulho que significa a nossa participação na morte redentora de Cristo, para com Ele ressuscitar a uma nova vida. (cf. 2Cor 5,17; Gl 6,15). Se morremos com Cristo, com ele também ressuscitaremos (cf. Rm 6,8), nascendo a partir da água e do Espírito (cf. Jo 3,5; Tt 3,5).

São Gregório Nazianzeno, escreve sobre o batismo:

> *"O Batismo é o mais belo e o mais magnífico dom de Deus. [...]*
> *Chamamo-lo de dom, graça, unção, iluminação, veste de incorruptibilidade, banho de regeneração, selo e tudo o que existe de mais precioso.*
> **DOM,** *porque é conferido àqueles que nada trazem.*
> **GRAÇA,** *porque é dado até aos culpados.*
> **BATISMO,** *porque o pecado é sepultado na água.*
> **UNÇÃO,** *porque é sagrado e régio (tais são os que são ungidos).*
> **ILUMINAÇÃO,** *porque é luz resplandecente.*
> **VESTE,** *porque cobre a nossa vergonha.*
> **BANHO,** *porque lava.*
> **SELO,** *porque nos guarda e é o sinal do senhorio de Deus". (S. Gregório Nazianzeno, Or. 40,3-4: PG 36,361C)*

Circulem ou grifem no texto as oito palavras destacadas durante a reflexão que nos ajudam a compreender o sentido e significado do batismo.

Oração de bênção da água batismal

A oração de bênção da água batismal, faz memória dos acontecimentos da história da salvação e que prefiguram o batismo no Antigo Testamento e sua realização em Cristo.

> *Ó Deus, pelos sinais visíveis dos sacramentos realizais maravilhas invisíveis.*
> *Ao longo da história da salvação, vós vos servistes da água para fazer-nos conhecer a graça do batismo.*
> *Já na origem do mundo, vosso espírito pairava sobre as águas, para que elas concebessem a força de santificar.*

Nas próprias águas do dilúvio, prefigurastes o nascimento da nova humanidade, de modo que a mesma água sepultasse os vícios e fizesse nascer a santidade.

Concedestes aos filhos de Abraão atravessar o Mar Vermelho a pé enxuto, para que, livres da escravidão, prefigurassem o povo nascido da água do batismo.

Vosso Filho, ao ser batizado nas águas do Jordão, foi ungido pelo Espírito Santo.

Pendente na cruz, do seu coração aberto pela lança fez correr sangue água.

Após sua ressurreição, ordenou aos apóstolos:

"Ide, fazei meus discípulos todos os povos, e batizai-os em nome do Pai e do Filho e do Espírito Santo".

Olhai agora, ó Pai, a vossa Igreja, e fazei brotar para ela a água do batismo.

Que o Espírito Santo dê, por esta água, a graça do Cristo, a fim de que o ser humano, criado à vossa imagem, seja lavado da antiga culpa pelo batismo e renasça pela água e pelo Espírito Santo para uma vida nova.

Nós vos pedimos, ó Pai, que por vosso Filho desça sobre toda essa água a força do Espírito Santo.

E todos os que, pelo batismo, forem sepultados na morte com Cristo, ressuscitem com ele para a vida. Por Cristo, nosso Senhor. Amém!" (MISSAL ROMANO, *Vigília Pascal 42: bênção da água batismal*)

ILUMINADOS PELA PARTILHA DA PALAVRA DE DEUS

Refletindo o texto do Evangelho de Mateus 28,16-20, é possível dizer:

» Jesus Ressuscitado que aparece aos onze discípulos, também se manifesta hoje em nosso meio através da Igreja e, de modo específico, através dos sacramentos; em especial, a Eucaristia e o Batismo. Por meio desta presença sacramental nos é dada a fé e a certeza que sua presença no mundo é contínua (cf. vv. 16-18).

» O mandato discipular-missionário de Jesus Cristo, mostrando que todo batizado recebe uma missão de Cristo Mestre: ao tornar-se ele um cristão pela graça filial do batismo que nos configura a Cristo, é movido pela presença do mesmo espírito de Cristo a dar testemunho de Suas obras no mundo (cf. v. 19).

» Este testemunho cristão, só é possível, graças ao batismo que nos insere no seio da Trindade Santa, e que, por meio da comunhão entre o batizando e o Deus-Trino, participamos da divindade de Deus, na condição e na graça batismal de filhos e filhas de Deus (cf. v. 19).

» Para perseverar nesta graça batismal e continuar a missão que Cristo confiou à sua Igreja, é necessário que observemos os mandamentos e tudo quanto Jesus nos ensinou. Vale dizer que a graça que recebemos no batismo deve ter coerência e incidência no nosso ser e no nosso agir quotidiano; vale dizer, no nosso ser cristão (cf. v. 20a).

» Vivendo o nosso batismo na fé que recebemos da Igreja e dentro dela, manifestamos a presença constante de Jesus Cristo, permanecendo conosco todos os dias quando nos reunimos em Seu nome (cf. v. 20b).

A graça Batismal

Os dois principais efeitos do batismo:

* a purificação dos pecados;
* e o novo nascimento no Espírito Santo.

REGISTRAR PARA NÃO ESQUECER

Nas linhas a seguir, você poderá fazer anotações referentes ao encontro de hoje.

PELOS SINAIS VISÍVEIS, DEUS REALIZA MARAVILHAS INVISÍVEIS

2º Encontro

Data:

Hora:

Local:

Neste segundo tema, iremos refletir sobre a riqueza teológica e litúrgica do Sacramento do Batismo, partindo de cada rito e símbolo que constitui sua celebração. Será uma grande oportunidade para compreendermos o significado de cada parte da celebração batismal e assim, podermos melhor participar e vivenciar esse momento tão importante e significativo para nós cristãos.

ILUMINADOS PELA PALAVRA DE DEUS E DA IGREJA

Texto bíblico: Rm 6,3-11.

O rito poderá variar de acordo com a realidade de cada comunidade. Aqui descrevemos a do Ritual do Batismo de Crianças.

I. RITOS DE ACOLHIDA

- Chegada
- Saudação
- Apresentação das crianças e pedido do batismo
- Sinal da Cruz
- Procissão de entrada

II. LITURGIA DA PALAVRA

- Proclamação da Palavra
- Homilia
- Oração dos fiéis
- Oração
- Unção pré-batismal

III. LITURGIA SACRAMENTAL

- Procissão para o Batistério
- Oração sobre a água
- Promessas do Batismo
- Batismo
- Ritos complementares:
  - Unção pós batismal
  - Veste Batismal
  - Rito da Luz
- Ritos complementares opcionais
  - Entrega do Sal
  - Éfeta

IV. RITOS FINAIS

- Oração do Senhor
- Bênção
- Despedida

Grifar ou acrescentar no esquema, ritos e símbolos presentes na celebração do batismo.

ELEMENTOS SIMBÓLICOS UTILIZADOS PELA LITURGIA NA CELEBRAÇÃO DO BATISMO

Óleo

No Sacramento do Batismo, a unção com o óleo dos catecúmenos indica a fortaleza na luta da vida cristã. Ao ungir a criança, a Igreja quer transmitir a força de Deus para aquele que começa a vida cristã, que certamente não será fácil. Como dizia Santo Ambrósio, "somos ungidos porque empreendemos uma luta".

Água

É o símbolo mais importante do batismo. Ele logo nos remete à vida: água que dá a vida e mata a sede, rega a plantação. Fonte, rio, mar, chuva. Água presente no útero materno que envolve o feto (líquido amniótico). Água sinal também de morte, que destrói: afogamento, enchentes. Água que lava, purifica, limpa.

Neste sentido, no batismo, a água é sinal de morte e de vida: Com o batismo morremos para o pecado (entrar na água, mergulhar, afundar, afogar, morrer), e na fonte batismal, ser gerados no grande útero da mãe Igreja, na água fecundada e portadora do Espírito Santo que regenera, que cria a vida nova em Cristo. Sair da água (ser salvo). Ganhamos nova vida, lavados e purificados de todo o pecado. Cristo, a fonte de água viva!

Veste batismal

Com o batismo nos revestimos de Cristo, e a veste batismal simboliza este revestimento, a vida nova que deve ser levada sem mancha, até a vida eterna. A veste costuma ser de cor branca. Remete-nos ao livro do Apocalipse: "Estes, que estão vestidos com túnicas brancas [...] Estes são os que vieram da grande tribulação. Lavaram e branquearam as suas vestes no sangue do cordeiro" (7,13-14). Em Cristo, pelo seu sangue derramado na cruz e com sua morte, fomos lavados e libertos do pecado.

Luz

Os cristãos eram também chamados de iluminados. Iluminados pela luz de Cristo, pelo ressuscitado, simbolicamente representado no Círio Pascal, que fica ao lado da fonte batismal, depois do tempo pascal. "Eu sou a luz do mundo..." (Jo 8,12). O Círio Pascal é o *Lumen Chisti* (Luz de Cristo), o Ressuscitado, a nova coluna de fogo, a luz nova na peregrinação dos cristãos até a Jerusalém Celeste. As demais velas simbolizam a luz que o Cristão deve irradiar no mundo muitas vezes escuro pelo pecado.

Sal

Em uma de suas parábolas Jesus nos convida a ser "sal da terra". "Se o sal perde seu sabor, com que salgaremos?" (Mc 5,13). No mundo quando não há graça e esperança o cristão recebe a missão de fazer a diferença, de ser testemunho e sinal de contradição. O cristão deve ser o sabor, a Boa Nova, levar a esperança para a sociedade.

REGISTRAR PARA NÃO ESQUECER

Nas linhas a seguir, você poderá fazer anotações referentes ao encontro de hoje.

CELEBRAÇÃO DE APRESENTAÇÃO DAS CRIANÇAS

Data:

Hora:

Local:

Com esta celebração, será apresentada a toda a comunidade as crianças que serão batizadas e dela farão parte. Nessa ocasião, a comunidade irá acolhê-las e se comprometerá a rezar por elas, para que cresçam em idade, sabedoria e graça diante do Senhor. Ainda, valorizar três temas importantes dos ritos de acolhida: o nome, o desejo de batizar e a educação na fé.

APRESENTAÇÃO DAS CRIANÇAS E PEDIDO DE BATISMO

Pr. Queridos pais e mães, vocês transmitiram a vida a estas crianças e as receberam como um dom de Deus, um verdadeiro presente. Que nome escolhestes para elas e o que pedem à Igreja de Deus para seus filhos e filhas?

Caros pais, aqui vocês poderão escrever um breve texto para ser lido durante a apresentação da criança à comunidade – o nome e o porquê desejam batizá-la.

_____

_____

_____

_____

Todos: Bendito seja Deus para sempre!

Pr. Pelo batismo estas crianças vão fazer parte da Igreja.
Vocês querem ajudá-las a crescer na fé, observando os mandamentos e vivendo na comunidade dos seguidores de Jesus?

Pais e mães: SIM QUEREMOS!

Pr. Padrinhos e madrinhas, vocês estão dispostos a colaborar com os pais em sua missão?

Padrinhos e Madrinhas: SIM ESTAMOS!

Pr. E todos vocês, queridos irmãos e irmãs, aqui reunidos, querem ser uma comunidade de fé e de amor para estas crianças?

Todos: SIM QUEREMOS!

Sinal da Cruz

Quem preside prossegue com o rito de assinalação da cruz.

Pr. Nosso sinal é a cruz de Cristo. Por isso vamos marcar estas crianças com o sinal do Cristo Salvador.

Assim, N. N. nós os (as) acolhemos na comunidade cristã.

O sinal-da-cruz na fronte das crianças é feito por quem preside, pelos pais e mães, padrinhos e madrinhas e, eventualmente por algumas pessoas da comunidade.

Pr.

> Deus da vida e do amor, vós enviastes vosso Filho Jesus ao mundo para nos libertar do pecado e da morte.
> Afastai destas crianças todo mal e ajudai-as a combater o bom combate.
> Como templos vivos do Espírito Santo, manifestai as maravilhas do vosso amor. Por Cristo, nosso Senhor.
> **Todos:** Amém!

Terminada a oração, os pais e mães com seus filhos e filhas, padrinhos e madrinhas se dirigem aos bancos a eles reservados.

REGISTRAR ESTE CÉLEBRE MOMENTO

Algumas fotos do rito de apresentação da criança poderão aqui ser afixadas.

Testemunhos

Caros pais, aqui vocês poderão escrever mensagens e breves testemunhos, seus e de familiares e amigos, dos sentimentos experimentados ao participar desta celebração.

PELO BATISMO, SOMOS INCORPORADOS À IGREJA, CORPO DE CRISTO

3º Encontro

Data:

Hora:

Local:

Com este tema, continuamos a refletir e a aprofundar o significado do Sacramento do Batismo para a fé cristã católica, agora numa perspectiva mais pastoral. Visto que o batismo tem como um dos seus efeitos a incorporação do batizando à Igreja, é necessário que se compreenda as implicações decorrentes desta incorporação.

ILUMINADOS PELA PALAVRA DE DEUS E DA IGREJA

Texto bíblico: 1Cor 12,12-26.

» Qual é o papel dos pais e padrinhos para a criança?

» O que é necessário para fazer parte do Corpo de Cristo, a Igreja?

» O que é necessário para batizar?

» É suficiente crer e não participar?

CATEQUESE BATISMAL

1º O Batismo como incorporação à Igreja

Através do batismo somos incorporados à Igreja (cf. Ef 4,25). A Igreja é a manifestação mística do Corpo de Cristo ressuscitado. Ela prolonga no tempo as ações de Cristo, tornando-O presente e atuante na história. Entretanto, esta Igreja é constituída por pedras vivas, que são seus membros incorporados nela pelo batismo. Porque somos filhos de Deus em seu Filho único, Jesus Cristo, é que formamos a Igreja, corpo de Cristo (cf. 1Cor 12,13). Como pedras vivas deste edifício espiritual que é a Igreja, participamos do sacerdócio de Cristo, quando nós evangelizamos e somos evangelizados, servimos e somos servidos, rezamos e somos santificados (cf. 1Pd 2,9).

No Batistério de São João do Latrão, em Roma-Itália, atribuída ao Papa São Sisto III (432-440), se lê um belíssimo texto sobre o batismo:

> *"Aqui nasce um povo de nobre estirpe destinado ao Céu, que o Espírito gera nas águas fecundadas.*
> *A Mãe Igreja dá à luz na água, com um parto virginal os que concebeu por obra do Espírito divino.*
> *Esperai o reino dos céus, os renascidos nesta fonte: a vida feliz não acolhe os nascidos uma só vez.*
> *Aqui está a fonte da vida, que lava toda a terra, que tem o seu princípio nas chagas de Cristo.*
> *Submerge-te, pecador, nesta corrente sagrada e purificadora, cujas ondas, a quem recebem envelhecido, devolverão renovado.*
> *Se queres ser inocente, lava-te nestas águas, tanto se te oprime o pecado herdado como o próprio.*
> *Nada separa os que já renasceram, feitos um por uma só fonte batismal, um só Espírito, uma só fé.*
> *A nenhum aterrorize o número ou a gravidade dos seus pecados: o que nasceu desta água viva será santo".*

2° O Batismo como sacramento da fé e da unidade

Desde o início da Igreja, o batismo está ligado à fé (cf. At 2,32; 16,3133). Ele requer esta adesão na fé de quem o pede. Entretanto, a profissão da fé é um ato que só é possível dentro da comunidade que crê e vive da mesma verdade professada. "Cada um dos fiéis só pode crer dentro da fé da Igreja" (CIgC, n. 1253). É por isso que o batizado não amadurece na fé sozinho: recebe o auxílio de seus pais, padrinhos, catequistas e de toda a comunidade em que está inserido como membro do mesmo corpo. Neste único corpo eclesial, todos professam as mesmas verdades que fundamentam a própria unidade. Estas verdades estão contidas no *Credo* ou *Profissão de fé*, também conhecidos como *Símbolo Apostólico* ou *Símbolo Niceno-constantinapolitano*. Nestas fórmulas doutrinais que contém as verdades que fundamentam a nossa fé está, também, significada a unidade de toda a Igreja. Bem como a Palavra revelada, isto é , a Sagrada Escritura, a tradição da Igreja, os sacramentos, entre outros. Deste modo, o batismo, enquanto sacramento da fé e da unidade, é a porta que abre para os demais sacramentos e toda a vivência cristã.

Oração final

SÍMBOLO NICENO-CONSTANTINAPOLITANO

Creio em um só Deus, Pai todo-poderoso, criador do céu e da terra, de todas as coisas visíveis e invisíveis.

Creio em um só Senhor, Jesus Cristo, Filho Unigênito de Deus, nascido do Pai antes de todos os séculos: Deus de Deus, luz da luz, Deus verdadeiro de Deus verdadeiro, gerado, não criado, consubstancial ao Pai.

Por ele todas as coisas foram feitas.

E por nós, homens, e para nossa salvação, desceu dos céus:

e se encarnou pelo Espírito Santo, no seio da Virgem Maria, e se fez homem.

Também por nós foi crucificado sob Pôncio Pilatos;

padeceu e foi sepultado.

Ressuscitou ao terceiro dia, conforme as Escrituras, e subiu aos céus, onde está sentado à direita do Pai.

E de novo há de vir, em sua glória, para julgar os vivos e os mortos; e o seu reino não terá fim.
Creio no Espírito Santo, Senhor que dá a vida, e procede do Pai e do Filho;
e com o Pai e o Filho é adorado e glorificado: ele que falou pelos profetas.
Creio na Igreja, una, santa, católica e apostólica.
Professo um só batismo para remissão dos pecados.
E espero a ressurreição dos mortos e a vida do mundo que há de vir.
Amém!

3º A vivência do Batismo

Uma vez que pelo batismo somos regenerados em Cristo e nele incorporados à sua Igreja, que é seu corpo, temos o dever de fazer com que esta graça produza frutos que nos santifiquem. Incorporados à Igreja, temos o dever na fé de alimentar este corpo eclesial por meio dos dons e ministérios que por graça recebemos no próprio batismo e que exigem do batizado a atitude do serviço (cf. Cl 3,23-24; Lc 22,24-30).

REGISTRAR PARA NÃO ESQUECER

Nas linhas a seguir, você poderá fazer anotações referentes ao encontro de hoje.

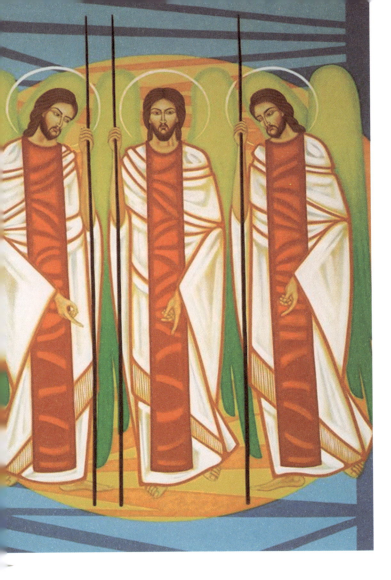

Terceira Etapa

O Sacramento do Batismo

Então Jesus se aproximou e lhes disse: "Toda a autoridade me foi dada no céu e na terra. Ide, pois, fazei discípulos meus todos os povos, batizando-os em nome do Pai e do Filho e do Espírito Santo, ensinando-os a observar tudo quanto vos mandei. Eis que eu estou convosco, todos os dias, até o fim do mundo". (Mt 28,18-20)

CELEBRAÇÃO DO SACRAMENTO DO BATISMO

Data:

Hora:

Local:

Com a celebração do sacramento do Batismo, chegamos ao ponto alto da iniciação cristã. Que este momento possa ser vivido e experimentado com profundo respeito, fé e alegria, prestando atenção e participando de cada momento.

REGISTRAR ESTE CÉLEBRE MOMENTO

Algumas fotos da celebração batismal poderão ser aqui afixadas como registro deste importante acontecimento.

Testemunhos

Caros pais, aqui vocês poderão escrever mensagens e breves testemunhos, seus e de familiares e amigos, dos sentimentos experimentados ao participar desta celebração.

SAL DA TERRA E LUZ DO MUNDO

Encontro pós batismo

Data:

Hora:

Local:

Com este último tema, realizado após a celebração do batismo, teremos a oportunidade de partilhar a experiência vivida na celebração batismal, bem como recordar a missão de cada um de nós a partir de agora.

ILUMINADOS PELA PALAVRA DE DEUS E DA IGREJA

Texto bíblico: Mt 5,13-16.

MEU COMPROMISSO

(Transcrição do compromisso de pais e padrinhos.)

Quarta Etapa

Recordar e viver o Batismo recebido

O batismo é o sacramento da fé. Mas a fé tem necessidade da comunidade dos crentes. Cada um dos fiéis só pode crer dentro da fé da Igreja. [...] Em todos os batizados [...] a fé deve crescer após o Batismo.

Para que a graça batismal possa desenvolver-se, é importante a ajuda dos pais. Este é também o papel do padrinho ou da madrinha, que devem ser cristãos firmes, capazes e prontos a ajudar o novo batizado [...] em sua caminhada na vida cristã. (CIgC, n. 1253-1255)

Caros pais e padrinhos,

Com amor e alegria vocês se prepararam para a celebração Batismal de seus filhos e afilhados. Sem dúvida foi uma bonita celebração e um grande acontecimento da nossa fé cristã. Essa importante data não pode ser esquecida, deve ser recordada durante toda nossa caminhada cristã. Para isso, preparamos sete encontros celebrativos que poderão ser realizados anualmente no mês de aniversário de batismo.

Além da celebração anual, encontrarão também algumas atividades a serem realizadas no decorrer do ano que os auxiliarão na educação cristã dos filhos e afilhados, ajudando-os a serem os seus primeiros catequistas. Ainda alguns textos para estudo e aprofundamento pessoal e espaço para o registro fotográfico, criando assim um acervo histórico dos primeiros anos de vida cristã da criança.

Se por algum motivo, os padrinhos moram distante do afilhado, e não podem participar deste momento, seria importante se fazerem presente, mesmo que por meio alternativo, transmitindo uma mensagem via redes sociais, mensagens gravadas e ainda conversa por web conferência.

Dias antes da realização da celebração, seria importante que algum membro da família se responsabilize de preparar com antecedência o encontro: ler e providenciar, na medida do possível, os materiais sugeridos para o momento de oração, além de distribuir algumas funções:

1. Animador (pessoa que irá conduzir a reunião).

2. Uma pessoa para ler o texto bíblico.

3. Se tiver alguém que tenha o dom de cantar, pedir para preparar algum canto que os ajude a rezar.

Um bom encontro celebrativo a todos!

▶ Encontro a ser realizado no 1º aniversário de Batismo

Palavra inicial

Um ano após o batismo, queremos recordar com os pais e padrinhos, o valor e importância da bênção, e o poder da oração dos pais pelos filhos.

Material a ser providenciada

Bíblia, vela, flores e imagem de algum santo que a família tenha em casa. Enviar convite para os avós padrinhos e tios para participarem deste momento.

Iniciando nosso encontro

Dirigente: é com alegria, que nos reunimos enquanto comunidade e família de fé, para fazermos memória de um ano do novo nascimento do(a) ...N...; Para todos nós cristãos, este é um momento célebre que deve ser valorizado e festejado. Iniciemos traçando sobre nós o sinal da Cruz:

Todos: Em nome do Pai, e do Filho e do Espírito Santo. Amém!

Dirigente: Que a graça e a Paz de Deus nosso Pai, que hoje nos reuniu em nome do seu filho, Jesus Cristo, esteja sempre convosco!

Todos: Bendito seja Deus que nos reuniu no amor de Cristo!

Dirigente: Vamos invocar o Espírito Santo de Deus, para vir em nosso auxílio, para que possamos ouvir atentamente a Palavra de Deus, meditar e guardá-la em nosso coração. Rezemos juntos:

Todos:

> "Vinde Espírito Santo, enchei os corações dos vossos fiéis. E acendei neles o fogo do Vosso amor. Enviai o Vosso Espírito e tudo será criado, e renovareis a face da terra.
> **Oremos:** Deus, que instruístes os corações dos vossos fiéis com a Luz do Espírito Santo, fazei que apreciemos retamente todas as coisas, segundo o mesmo Espírito, e gozemos sempre da Sua consolação. Por Cristo Senhor Nosso." Amém!

ILUMINADOS PELA PALAVRA DE DEUS

Texto bíblico: Nm 6,22-27.

Dirigente: Agora atentos vamos ouvir um pequeno trecho da Palavra de Deus, do Livro dos Números.

(Um dos presentes tomando a Bíblia nas mãos e abrindo-a proclama o texto bíblico. Após alguns minutos de silêncio, lê o texto novamente, desta vez pausadamente. Depois de alguns minutos de meditação, os que quiserem podem repetir algum versículo que tenha chamado atenção.)

ILUMINADOS PELA PARTILHA DA PALAVRA

Dirigente: O texto que acabamos de ouvir reproduz as palavras de Deus que entrega a Moisés e todo o povo de Israel o mandato de abençoarem uns aos outros. A bênção é mencionada já no primeiro livro da Bíblia, em Gênesis após a criação do homem e da mulher: "Deus criou o ser humano à sua imagem, à imagem de Deus o criou (...). E Deus os abençoou" (Gn 1,27-28).

Etimologicamente, bênção do latim *benedictione*, é o ato de abençoar, pedir favor, benefício, dom do céu, para outrem. Abençoar é, portanto, desejar e pedir a graça e o bem ao outro, é falar bem, opostamente à maldição, que imputa a desgraça e o mal. Abençoar é afirmar, em palavras ou gestos, que amamos a quem nos dirigimos, que somos solidários e fraternos em suas dificuldades ou alegrias. Abençoar é um gesto de amor entre os esposos, entre pais e filhos, entre amigos e entre estranhos, até mesmo em nossa relação com Deus pela criação, seja pela graça do alimento, seja pela fruição da natureza.

A bênção e o ato de abençoar sempre estiveram presentes na tradição e fé da Igreja. Era muito comum os filhos pedirem a bênção aos pais, aos mais velhos, ao padre... rezar pedindo que Deus abençoasse a refeição... Infelizmente com o passar do tempo este costume se perdeu.

O Catecismo da Igreja Católica no parágrafo 1669 afirma que: "...todo batizado é chamado a ser uma 'bênção' e a abençoar". Neste sentido, ao celebrarmos um ano do batizado do(a) ...N..., queremos resgatar no dia a dia de vocês, dessa família, o hábito de abençoar se ainda não o fazem. Abençoar os pequenos momentos e situações do cotidiano, de abençoarmo-nos uns aos outros em cada encontro, em cada acontecimento... De abençoar os alimentos e refeições... Hábito, não reduzindo a ação a algo mecânico, mas no sentido de reimplantar uma prática em desuso que nos torna mais próximos, mais expressivos em nosso bem-querer.

Por isso, a partir do encontro de hoje, queremos como pais, ensinar e fortalecer junto aos nosso(s) filho(s) a realizar este belo costume de pedir bênção, bem como, o de os pais abençoarem seus filhos. Ainda de rezar agradecendo a Deus pelo alimento colocado a mesa... gestos simples, que refletem a nossa vida cristã.

Vamos conversar:

» Todos poderão partilhar sobre o valor e importância da bênção, e se a família tem o costume de fazê-lo.

» Comentar sobre a mensagem que cada um tirou do Texto bíblico e que considera importante para a vida pessoal, familiar e de cristão.

» Refletir como poderão recuperar essa tradição cristã, se ainda não o fazem.

REZAR A PALAVRA DE DEUS

Dirigente: neste dia de festa, em que todos nós batizados somos chamados a ser uma bênção e a abençoar, elevemos a Deus, nossas preces para que Ele nos abençoe abundantemente. No final de cada prece vamos dizer:

R. Abençoai-nos Senhor!

1. Deus Pai Criador, transforma o coração de nossa família, para que possamos estar alegres, atentos e vigilantes aos seus mandamentos. **R.**

2. Deus Pai de Bondade, que possamos ser verdadeiras fontes de bênçãos para a sociedade, irradiando os valores evangélicos. **R.**

3. Deus Pai misericordioso, ajudai-nos em nossa missão de educar na fé os que nos foram confiados, sempre anunciando com alegria as suas maravilhas. **R.**

4. Deus Pai de amor, te pedimos pelo seu filho(a) ...N..., que há um ano recebeu a graça do Batismo, para que cresça sob a Vossa bênção e proteção. **R.**

(Preces espontâneas.)

Oração do Pai-nosso

Dirigente: Nossas preces prossigamos, rezando a oração que Jesus nos ensinou: "**Pai nosso que estais nos céus...**"

Oração final

Dirigente: Deus criador, que enviastes João Batista para preparar os caminhos do vosso Filho. Ajudai nossa família, todos os dias, a bem se preparar para acolher Jesus em nosso meio, e assim, podermos com alegria testemunhar as Suas maravilhas em nossas vidas. Amém!

Dirigente: Louvado seja nosso Senhor Jesus Cristo!

Todos: Para sempre seja louvado!

Dirigente: *Vamos concluir este momento nos abençoando traçando o sinal da cruz na fronte uns dos outros dizendo: "Deus te abençoe!"*

REGISTRAR ESTE CÉLEBRE MOMENTO

Reúna todos os presentes para uma foto e depois imprima e cole no espaço a seguir. A primeira foto poderá ser de toda a família e a segunda apenas do aniversariante de batismo, assim terão um registro de todos estes importantes momentos.

Educar na fé!

Estimados pais,

Para ajudá-los na missão de educar na fé os filhos, sugerimos algumas ações a serem desenvolvidas ao longo do ano:

» Todas as noites, antes de dormir, coloquem as mãos na cabeça de seu filho e reze por ele. Não existe oração mais poderosa de que a prece de uma mãe e de um pai.

» Abençoe todos os dias seu filho, dizendo: "Deus te abençoe..." e quando ele começar a dizer as primeiras palavras, o ensine a pedir bênção.

» Ensine ainda, a rezar a oração ao anjo da guarda:

> *"Santo Anjo do Senhor,*
> *meu zeloso guardador,*
> *se a ti me confiou a piedade divina,*
> *sempre me rege,*
> *me guarda, me governe e*
> *me ilumina.*
> *Amém!"*

SUGESTÃO DE ORAÇÕES PARA AS REFEIÇÕES

Oração 1

Senhor, dai pão a quem tem fome...
E fome de Justiça a quem tem pão. Amém!

Oração 2

Obrigado, Senhor, por estes alimentos que vamos tomar agora.

Eles nos sustentarão dando ao nosso corpo a saúde e a resistência para o trabalho diário.

Que eles sirvam também para nos dar disposição em servir aos mais fracos, aos que não têm saúde, aos que precisam de ajuda. Alimentai, Senhor, o nosso espírito para que saibamos usar bem o nosso corpo e, vivendo em comunhão constante com os irmãos e convosco, cheguemos a participar do banquete celeste, preparado por Cristo, nosso Senhor! Amém!

Oração 3

Pai, abençoai a nós e a esta refeição para que, fortificados no corpo e na alma, possamos realizar sempre o que vos agrada. Que jamais falte o alimento em nenhuma mesa. Nós vos pedimos por Jesus Cristo, nosso Senhor. Amém!

(Em seguida poderão rezar a oração do Pai-nosso.)

Oração 4 (Antes das refeições)

Abençoai, Senhor,

os alimentos que vamos tomar;

que eles renovem as nossas forças

para melhor Vos servir e amar.

Oração 5 (Depois das refeições)

Nós Vos damos graças, Senhor,

pelos vossos benefícios,

a Vós que viveis e reinais

pelos séculos dos séculos. Amém!

PARA CONHECER +

A FÉ QUE PROFESSAMOS

Sugerimos a leitura do livro: **Conhecer a FÉ que professamos**, de autoria do Pe Thiago Faccini Paro, publicado pela Editora Vozes.

▷ Encontro a ser realizado no 2º aniversário de Batismo

2 ANOS – A IGREJA DOMÉSTICA

Palavra inicial

No segundo aniversário batismal, queremos refletir sobre a Igreja, grande família que passamos a pertencer pelo Batismo e que podemos experimentar e viver no cotidiano de nossas famílias, como Igreja Doméstica.

Material a ser providenciado

Bíblia, vela, flores e imagem de algum santo que a família tenha em casa.

Iniciando nosso encontro

Dirigente: Querida família, é com alegria que nos reunimos para celebrar o segundo ano do batismo do(a) ...N... Esta celebração é sinal da nossa adesão a Cristo, que nos convida constantemente à oração. Neste sentido iniciemos este momento celebrativo traçando sobre nós o sinal da Cruz:

Todos: Em nome do Pai, e do Filho e do Espírito Santo. Amém!

Dirigente: Que a graça e a Paz de Deus nosso Pai, que hoje nos reuniu em nome do seu filho, Jesus Cristo, esteja sempre convosco!

Todos: Bendito seja Deus que nos reuniu no amor de Cristo!

Dirigente: Vamos clamar ao Espírito Santo, para que venha em nosso auxílio, nos dando entendimento e sabedoria para que possamos seguir com fidelidade a Cristo Jesus. Rezemos juntos:

Todos:

> "Vinde Espírito Santo, enchei os corações dos vossos fiéis. E acendei neles o fogo do Vosso amor. Enviai o Vosso Espírito e tudo será criado, e renovareis a face da terra.
> **Oremos:** Deus, que instruístes os corações dos vossos fiéis com a Luz do Espírito Santo, fazei que apreciemos retamente todas as coisas, segundo o mesmo Espírito, e gozemos sempre da Sua consolação. Por Cristo Senhor Nosso." Amém!

103

ILUMINADOS PELA PALAVRA DE DEUS

Texto bíblico: Jo 1,1-18.

Dirigente: Agora atentos vamos ouvir um trecho do início do Evangelho de São João.

(Um dos presentes tomando a Bíblia nas mãos e abrindo-a proclama o texto bíblico. Após alguns minutos de silêncio, lê o texto novamente, desta vez pausadamente. Depois de alguns minutos de meditação, os que quiserem podem repetir algum versículo que tenha chamado atenção.)

ILUMINADOS PELA PARTILHA DA PALAVRA

Dirigente: O Evangelho que acabamos de ouvir, narra que Deus envia ao mundo seu Filho único, o Verbo, e que todos que o recebem, que acolhem a sua Palavra, tornam-se filhos adotivos de Deus. João Batista, o último profeta do Antigo Testamento, reconhece Jesus, prepara o seu caminho e o apresenta ao mundo.

Assim hoje, nossas famílias com o Batismo reconhecemos e acolhemos Jesus, tornamo-nos parte de sua família, a sua Igreja. Assim, diz o Catecismo da Igreja Católica nos nn. 1655-1657:

> *"Cristo quis nascer e crescer no seio da Sagrada Família de José e Maria. A Igreja não é outra coisa senão a 'família de Deus'. Desde suas origens, o núcleo da Igreja era em geral constituído por aqueles que, 'com toda sua casa', se tornavam cristãos. Quando eles se convertiam, desejavam também que 'toda a sua casa' fosse salva. Essas famílias que se tornavam cristãs eram redutos de vida cristã num mundo incrédulo.*

> *Em nossos dias, num mundo que se tornou estranho e até hostil à fé, as famílias cristãs são de importância primordial, como lares de fé viva e irradiante. Por isso, o Concílio Vaticano II chama a família, usando uma antiga expressão, de 'Ecclesia doméstica'. É no seio da família que os pais são para os filhos, pela palavra e pelo exemplo... os primeiros mestres da fé (...).*

É na família que se exerce de modo privilegiado o sacerdócio batismal do pai de família, da mãe, dos filhos, de todos os membros da família, 'na recepção dos sacramentos, na oração e ação de graças, no testemunho de uma vida santa, na abnegação e na caridade ativa'. O lar é, assim, a primeira escola de vida cristã e 'uma escola de enriquecimento humano'. É aí que se aprende a resistência à fadiga e a alegria do trabalho, o amor fraterno, o perdão generoso e mesmo reiterado e, sobretudo, o culto divino pela oração e oferenda de sua vida".

Como família de fé, somos convidados a cada dia acolher o Verbo, que se encarna no seio de nossa família, toda vez que juntos rezamos, meditamos as sagradas escrituras e vivemos os valores evangélicos e assim, nos tornamos verdadeiras Igrejas domésticas.

REZAR A PALAVRA DE DEUS

Dirigente: Elevemos a Deus, nossas preces e nossos louvores, agradecendo por tudo de bom que Ele nos dá. No final de cada prece vamos dizer:

R. Senhor, atendei a nossa prece!

1. Deus Pai de amor, pedimos por toda nossa família que hoje se reúne para rezar, para que seja uma verdadeira Igreja doméstica. **R.**

2. Deus Pai de amor, te louvamos e agradecemos por esta oportunidade de nos reunirmos em Teu Nome. **R.**

Vamos conversar:

» Com o batismo passamos a pertencer a grande família de Deus, na Igreja Católica Apostólica Romana. Como temos vivido essa experiência eclesial?

» Qual mensagem do texto bíblico e do Catecismo da Igreja Católica que considera importante para a vida pessoal, familiar e de cristão?

» Quais atitudes concretas podemos implementar no cotidiano familiar para que sejamos de fato uma Igreja Doméstica?

3. Deus Pai de amor, que conhece a cada um de nós, vinde em auxílio de nossas necessidades. **R.**

4. Deus Pai de amor, te pedimos de modo especial por ...N... que a dois anos foi mergulhada(o) nas águas do santo Batismo, para que reconheça o Verbo encarnado no seio desta família. **R.**

(Preces espontâneas.)

Oração do Pai-nosso

Dirigente: Rezemos de mãos dadas a oração que Jesus nos ensinou: "Pai nosso que estais nos céus..."

Oração Final

Dirigente: Deus Pai de amor, te louvamos por nossa família, por nossos problemas e por nossas alegrias e pela oportunidade que nos deste de hoje nos reunirmos em teu nome. Só Tu Senhor, é nossa esperança e Salvação. Vinde Senhor em nosso auxílio. Amém!

Dirigente: Louvado seja nosso Senhor Jesus Cristo!

Todos: Para sempre seja louvado!

Dirigente: *Vamos encerrar este momento nos abençoando traçando o sinal da cruz na fronte uns dos outros dizendo: "Deus te abençoe!"*

REGISTRAR ESTE CÉLEBRE MOMENTO

A primeira foto poderá ser de toda a família e a segunda apenas do aniversariante de batismo.

Educar na fé!

Queridos pais,

O pequeno bebê de vocês está crescendo cada dia mais no seio desta bonita família. Para que possa crescer sobretudo na fé, fazendo experiência desta pequena Igreja Doméstica, sugerimos algumas atividades para serem realizadas ao longo do ano:

» Se ainda não tem o habito de rezar em família, escolham pelo menos um dia da semana para se reunirem e juntos rezarem. É importante que o filho de vocês cresça vendo-os rezar. O testemunho é fundamental.

» A vivência na comunidade é fundamental, é lá que encontramos estímulos e testemunhos que nos ajudam a viver como *"Ecclesia* doméstica". Valorize de modo especial o "Dia do Senhor", participando sobretudo das celebrações dominicais.

PARA CONHECER +

A FÉ QUE PROFESSAMOS

Sugerimos a leitura da Exortação Apostólica Pós-Sinodal do Papa Francisco *"Amoris laetitia"*, sobre o amor na família.

▶ Encontro a ser realizado no 3º aniversário de Batismo

Palavra inicial

Estimados pais, neste ano queremos refletir sobre a fé, transmitida de geração em geração, e que assumida por nós, reflete em uma vida de oração e testemunho.

Material a ser providenciado

Bíblia, vela, flores e imagem de algum santo que a família tenha em casa.

Iniciando nosso encontro

Dirigente: Querida família, com gratidão nos reunimos hoje para celebrar os três anos do batismo do(a) ...N... Como cristãos, recordamos com alegria este grande acontecimento, sinal concreto de nossa fé e adesão a Jesus Cristo. Traçando sobre nós o sinal da Cruz iniciemos nosso encontro:

Todos: Em nome do Pai, e do Filho e do Espírito Santo. Amém!

Dirigente: Que a graça e a Paz de Deus nosso Pai, que hoje nos reuniu em nome do seu filho, Jesus Cristo, esteja sempre convosco!

Todos: Bendito seja Deus que nos reuniu no amor de Cristo!

Dirigente: Invoquemos o Espírito Santo pedindo que Ele nos ilumine e nos dê entendimento para ouvir e acolher a Palavra que hoje Deus nos dirige. Rezemos juntos:

Todos:

> *"Vinde Espírito Santo, enchei os corações dos vossos fiéis. E acendei neles o fogo do Vosso amor. Enviai o Vosso Espírito e tudo será criado, e renovareis a face da terra.*
> **Oremos:** *Deus, que instruístes os corações dos vossos fiéis com a Luz do Espírito Santo, fazei que apreciemos retamente todas as coisas, segundo o mesmo Espírito, e gozemos sempre da Sua consolação. Por Cristo Senhor Nosso."* Amém!

ILUMINADOS PELA PALAVRA DE DEUS

Texto bíblico: Sl 78,1-7.

Dirigente: Atentos vamos ouvir um trecho do Salmo 78.

(Um dos presentes tomando a Bíblia nas mãos e abrindo-a proclama o texto bíblico. Após alguns minutos de silêncio, lê o texto novamente, desta vez pausadamente. Depois de alguns minutos de meditação, os que quiserem podem repetir algum versículo que tenha chamado atenção.)

ILUMINADOS PELA PARTILHA DA PALAVRA

Dirigente: Desde a criação do mundo, Deus se revelou à humanidade e através dos tempos manifestou seu amor aos homens e mulheres a ponto de entregar o seu próprio Filho por amor de cada um de nós. A fé da humanidade neste Deus onipotente sobreviveu através dos séculos e foi passada de geração em geração. No salmo vimos a convocação do salmista a não ocultar as glórias do Senhor e os seus feitos pela humanidade.

O salmo retrata um costume judaico, onde a cada ano ao celebrar a sua Páscoa, o ancião reúne as gerações mais novas e ali conta-lhes toda a obra de salvação operada por Deus, ou seja, os Judeus ensinam aos seus filhos, e os filhos ensinam às gerações seguintes e assim, a fé no Deus libertador nunca será esquecida e nem apagada. Com a vinda de Cristo e o nascimento do cristianismo, os Apóstolos e os nossos pais, herdaram essa tradição judaica de testemunhar e transmitir a fé às futuras gerações. Se a Mãe Igreja ainda hoje anuncia as grandes maravilhas de Deus, é porque teve pessoas no passado comprometidas com o Evangelho e entregaram a vida pelo anúncio do Reino.

O Papa Bento XVI, na Carta Apostólica intitulada *"Porta Fidei"* - a Porta da Fé, escreve:

> *"Pela fé, Maria acolheu a palavra do Anjo e acreditou no anúncio de que seria Mãe de Deus na obediência da sua dedicação (Lc 1, 38). Ao visitar Isabel, elevou o seu cântico de louvor ao Altíssimo pelas maravilhas que realizava em quantos a Ele se confiavam (Lc 1,46-55). Com alegria e trepidação, deu à luz o seu Filho unigênito, mantendo intacta a sua virgindade (Lc 2,6-7). Confiando em José,*

seu Esposo, levou Jesus para o Egito a fim de O salvar da perseguição de Herodes (Mt 2,13-15). Com a mesma fé, seguiu o Senhor na sua pregação e permaneceu a seu lado mesmo no Gólgota (Jo 19,25-27). Com fé, Maria saboreou os frutos da ressurreição de Jesus e, conservando no coração a memória de tudo (Lc 2,19.51), transmitiu-a aos Doze reunidos com Ela no Cenáculo para receberem o Espírito Santo (At 1,14; 2,1-4). Pela fé, os Apóstolos deixaram tudo para seguir o Mestre (Mc 10,28). Acreditaram nas palavras com que Ele anunciava o Reino de Deus presente e realizado na sua Pessoa (Lc 11,20). Viveram em comunhão de vida com Jesus, que os instruía com a sua doutrina, deixando-lhes uma nova regra de vida pela qual haveriam de ser reconhecidos como seus discípulos depois da morte d'Ele (Jo 13,34-35). Pela fé, foram pelo mundo inteiro, obedecendo ao mandato de levar o Evangelho a toda a criatura (Mc 16,15) e, sem temor algum, anunciaram a todos a alegria da ressurreição, de que foram fiéis testemunhas."

Se estamos aqui hoje fazendo memória do batismo, se conhecemos o Evangelho, devemos à fé destas pessoas que não se cansaram e não desanimaram diante das perseguições, mas foram fiéis ao mandado de Jesus: "Ide e anunciai o Evangelho a toda Criatura" (Mc 16,15). E qual o futuro deste anúncio? Se vivemos a fé hoje, foi porque alguém nos a transmitiu. O futuro da Igreja e deste anúncio cabe a cada um de nós. As gerações seguintes só conhecerão a fé, se verdadeiramente a vivermos e se a testemunharmos com a nossa vida.

Vamos conversar:

» Diante da Leitura Bíblica e do texto lido, façamos um breve momento de reflexão e partilha do que nos chamou atenção.

» Quem nos apresentou a fé? Como foi este anúncio?

» Qual o nosso papel hoje enquanto comunidade, pais e fiéis seguidores do Evangelho de Cristo, na transmissão da fé?

REZAR A PALAVRA DE DEUS

Dirigente: Elevemos a Deus, que tudo faz para o bem do homem, os nossos pedidos e as nossas preces, para que ele se digne vir em nosso auxílio:

R. Fazei-nos testemunhas da fé!

1. Que a exemplo de Maria, possamos dar o nosso SIM e gerar Jesus no seio de nossa família, e acolhê-lo com alegria. **R.**

2. Que a exemplo da fé dos apóstolos, possamos nós também ouvirmos a cada dia o chamado do Senhor e cumprir o seu mandato de anunciar e testemunhar o Evangelho. **R.**

3. Que a exemplo dos que a nós fizeram chegar a fé, possamos também sermos verdadeiros anunciadores e transmissores da fé às gerações que nos foram confiadas, de modo especial aos nossos filhos. **R.**

4. Que o(a) querido(a), ...N..., renascido(a) a três anos nas águas do santo Batismo, receba de mente e coração o anúncio da fé. **R.**

(Preces espontâneas.)

Oração do Pai-nosso

Dirigente: Na fé em Jesus Cristo, Deus nos faz todos irmãos, rezemos a oração que Ele mesmo nos ensinou:

Todos: "Pai nosso que estais nos céus..."

Dirigente: Peçamos a intercessão da Mãe de Deus rezando: "**Ave Maria, cheia de graça...**"

Oração Final

Dirigente: Deus Pai de amor, que escolhestes homens e mulheres para se fazer cumprir o seu projeto de salvação, olhai para nossa família que com fé hoje se reúne, e com coragem e disponibilidade reafirma o seu compromisso de serem anunciadores e testemunhas da fé recebida. Amém!

Dirigente: Louvado seja nosso Senhor Jesus Cristo!

Todos: Para sempre seja louvado!

Dirigente: *Vamos encerrar nosso momento de oração nos abençoando traçando o sinal da cruz na fronte uns dos outros dizendo: "Deus te abençoe!"*

REGISTRAR ESTE CÉLEBRE MOMENTO

A primeira foto poderá ser de toda a família e a segunda apenas do aniversariante de batismo.

Educar na fé!

Como pais que querem verdadeiramente assumir os compromissos do Batismo, anunciando e transmitindo a fé aos filhos, sugerimos algumas ações a serem desenvolvidas ao longo deste ano:

» A vida de oração, refletida no testemunho dos pais, é uma das melhores formas de transmitir a fé. É importante que os filhos cresçam vendo os pais rezando.

» Muitos foram os que testemunharam a fé antes de nós e deram a vida pela Igreja e por Jesus Cristo. Seria importante que os pais tivessem um santo de devoção pessoal e, escolhessem um santo de devoção para o(a) filho(a). Coloque uma imagem deste santo no quarto dele(a), conte a história da vida deste santo, mostrando-o como testemunho no seguimento de Jesus Cristo.

PARA CONHECER +

A FÉ QUE PROFESSAMOS

Sugerimos a leitura da Carta Apostólica sob forma de Motu Proprio *"Porta Fidei"*, do Papa Bento XVI, com o qual se proclama o Ano da Fé.

▶ Encontro a ser realizado no 4º aniversário de Batismo

4 ANOS – ENSINA-NOS A REZAR

Palavra inicial

Neste ano queremos refletir sobre a oração do Pai-Nosso, aprofundando o sentido e significado de cada uma de seus sete petições e sua importância para a vida de todos nós cristãos.

Material a ser providenciado

Bíblia, vela, flores, imagem de algum santo que a família tenha em casa e se possível um cartaz ou folha contendo a oração do Pai-Nosso.

Iniciando nosso encontro

Dirigente: Quatro anos já se passaram desde que o(a) ...N... foi batizado(a) e com o céu em festa hoje aqui nos reunimos. Neste quarto aniversário vamos refletir sobre a oração que o Senhor ensinou aos seus discípulos e nos deixou como modelo de toda oração. Conscientes de que Deus é nosso Pai, tracemos sobre nós o sinal da Cruz iniciando o nosso encontro:

Todos: Em nome do Pai, e do Filho e do Espírito Santo. Amém!

Dirigente: Que a graça e a Paz de Deus nosso Pai, que hoje nos reuniu em nome do seu filho, Jesus Cristo, esteja sempre convosco!

Todos: Bendito seja Deus que nos reuniu no amor de Cristo!

Dirigente: Rezemos pedindo o Espírito Santo, para que ilumine o nosso encontro, nos dando sabedoria e entendimento para compreendermos as palavras da oração que Jesus nos deixou. Rezemos juntos:

Todos:

"Vinde Espírito Santo, enchei os corações dos vossos fiéis. E acendei neles o fogo do Vosso amor. Enviai o Vosso Espírito e tudo será criado, e renovareis a face da terra.

Oremos: *Deus, que instruístes os corações dos vossos fiéis com a Luz do Espírito Santo, fazei que apreciemos retamente todas as coisas, segundo o mesmo Espírito, e gozemos sempre da Sua consolação. Por Cristo Senhor Nosso."* Amém!

ILUMINADOS PELA PALAVRA DE DEUS

Texto bíblico: Mt 6,6-13.

Dirigente: Ouçamos as palavras do santo Evangelho segundo Mateus.

(Um dos presentes tomando a Bíblia nas mãos e abrindo-a proclama o texto bíblico. Após alguns minutos de silêncio, lê o texto novamente, desta vez pausadamente. Depois de alguns minutos de meditação, os que quiserem podem repetir algum versículo que tenha chamado atenção.)

ILUMINADOS PELA PARTILHA DA PALAVRA

Dirigente: A oração sempre esteve presente na vida dos cristãos e é a base das nossas comunidades. Todos nós devemos reservar um tempo para Deus, procurando um lugar apropriado, sozinho ou junto com a comunidade.

Jesus também rezava (cf. Lc 11,1). Quando os discípulos pediram para que Jesus os ensinasse a rezar, Ele não ensinou um método, nem um modelo, mas sim um diálogo íntimo com Deus. A oração é o diálogo amoroso da criatura com o criador e no caso de Jesus, um diálogo de Pai e Filho. Jesus em vários momentos de sua vida nos ensina com seu exemplo, a importância da oração. E foi por causa do seu testemunho, que os discípulos lhes pediram para que os ensinassem a orar. *"Um dia, em certo lugar, Jesus rezava. Quando terminou, um de seus discípulos pediu-lhe: 'Senhor, ensina-nos a orar, como João ensinou seus discípulos" (Lc 11,1). É em resposta a este pedido que o Senhor confia a seus discípulos e à sua Igreja a oração cristã fundamental"* (CIgC, n. 2759).

O Pai-nosso, a oração do Senhor, é a principal oração do cristão. É a mais perfeita das orações, pois ordena nossos pedidos, bem como a ordem em que devemos pedi-los.

A oração que Jesus nos ensinou começa com uma invocação que dá um tom próprio a toda a oração, criando em nós o clima de intimidade e confiança que há de impregnar toda a oração que segue. Para rezar a oração do Pai-nosso é preciso experimentar Deus como Pai, com absoluta dependência de Deus, respeito e confiança.

Mas Jesus não guarda só para si esta invocação, ensina também aos seus discípulos e a todos nós, para que invoquemos Deus com a mesma confiança e segurança, com a mesma intimidade. Mas não basta saber que Deus é Pai, é preciso que saibamos também que ele é Pai de toda família de seguidores de Jesus e de toda a humanidade, sem distinção. Rezamos a oração do Senhor, no plural desde o começo até o fim. Jesus nos ensina a Dizer "Pai nosso", e não "pai meu". Quem chama a Deus de Pai, não pode esquecer do próximo.

Quando os discípulos pediram para Jesus os ensinar a rezar, Ele nos deixou sete pedidos que são essenciais para nossa caminhada cristã. Sete pedidos que não podemos deixar de fazer ao Pai em nossas orações. Os três primeiros têm por objetivo a glória do Pai, o reconhecimento da grandeza de Deus, e que sem Ele não podemos nada. Acreditamos que Ele sabe tudo o que precisamos e nos dá gratuitamente, sem exigir ou querer algo em troca. Que a vida nesse mundo é passageira, e aqui somos formados para um dia nos encontrarmos com Ele no Seu Reino.

Os outros quatro pedidos apresentam a Deus nossos desejos. Esses pedidos falam da nossa vida, enquanto seres humanos, pecadores e sujeitos a erros. Pedidos que fazemos para que Deus nos alimente, nos cure e nos ajude no combate visando a vitória do Bem sobre o Mal. São pedidos essenciais para nossa caminhada terrestre. Neles reconhecemos que todos somos irmãos e confiamos na misericórdia de Deus que nos perdoa constantemente, que nos dá o pão necessário para sobrevivermos e nos fortalece a cada dia no combate do mal.

Vamos conversar:

» Com que frequência você reza a oração do Pai-Nosso e qual o significado desta oração para você?

» Você já parou para refletir sobre o significado de cada uma das petições da oração que Jesus nos deixou?

» Os discípulos só pediram para Jesus os ensinar a rezar, pois viram o exemplo do mestre. Vocês pais são o exemplo e o modelo dos filhos de vocês. Como vocês têm cumprido essa missão?

REZAR A PALAVRA DE DEUS

Dirigente: Confiantes supliquemos ao Senhor elevando a Ele nossos pedidos e preces para que nos ajude a sermos modelo de vida de oração para os filhos a nós confiados:

R: Senhor ensina-nos a rezar!

1. Para que contemplando a sabedoria do Senhor, que nos ensinou a rezar, possamos ter uma verdadeira vida de oração, encontrando conforto para nossas angústias, roguemos ao Senhor. **R.**
2. Para que o Espírito Santo, que sonda os corações de todos, fortifique com sua força divina o(a) querido(a) ...N... e lhe ensine as coisas que são de Deus e a Ele agradam, roguemos ao Senhor. **R.**
3. Para que todas as famílias coloquem suas esperanças em Cristo e Nele encontrem paz e santidade, roguemos ao Senhor. **R.**
4. Para que as famílias aprendam a importância de se rezar juntos e partilhem com os outros a alegria que lhes foi dada pela fé, roguemos ao Senhor. **R.**

(Preces espontâneas.)

Oração do Pai-nosso

Dirigente: Rezemos com amor e confiança a oração que Jesus nos ensinou: "**Pai nosso que estais nos céus...**"

Oração Final

Dirigente: Deus pai bondoso, que nossa casa saiba acolher e ter como modelo e exemplo a Sagrada Família de Nazaré, onde na simplicidade possamos acolher e fazer a Tua vontade. Amém!

Dirigente: Louvado seja nosso Senhor Jesus Cristo!

Todos: Para sempre seja louvado!

Dirigente: Vamos encerrar este momento de oração com todos se abençoando traçando o sinal da cruz na fronte dizendo: "Deus te abençoe!"

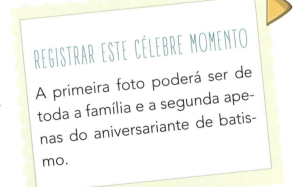

REGISTRAR ESTE CÉLEBRE MOMENTO

A primeira foto poderá ser de toda a família e a segunda apenas do aniversariante de batismo.

Educar na fé!

Queridos pais,

Assim como Jesus ensinou os discípulos a rezarem, sugerimos algumas atividades para auxiliá-los também nessa missão a vocês confiada para ser realizado durante todo este ano:

» Além do exemplo e testemunho dos pais, é importante nessa idade, que vocês ajudem as crianças a criarem sensibilidade para a oração. É o segundo passo depois do testemunho para que as crianças aprendam a rezar. Isso poderá ser realizado gradativamente, educando os filhos ao silêncio: ajudá-la a silenciar, colocar a mão no coração e escutá-lo, ensinar a escutar outros sons (vento, pássaros...), sentir a brisa, o vento... observar as folhas se mexerem... Ensinar que mesmo que não vemos, podemos sentir... assim, ajudá-los a reconhecer que existe Deus no silêncio e que se manifesta na criação.

» Deixar simplesmente os filhos a rezarem as orações que já aprenderam (Santo Anjo, Pai-nosso, Ave Maria...), sem decodificar o que falam.

» Incentivar e explicar alguns gestos: unir as mãos, estender os braços, ajoelhar-se...

ALGUNS PASSOS PARA AJUDAR NA PRÁTICA DA ORAÇÃO

Olhando, para a vida de Jesus, podemos aprender muito sobre a oração:

1. Para rezar, não é preciso muitas palavras, basta um coração puro, humilde e arrependido.

2. Jesus se retirava do meio da multidão. É preciso parar com os afazeres do dia a dia, se retirar e se colocar sozinho no silêncio (Lc 6,12; Mt 14,23).

3. Quando falamos Deus se cala. É preciso parar e silenciar nossa vida e coração para escutar a Deus. Oração é um diálogo.

4. Gratuidade. A oração é desinteressada, rezamos porque precisamos de Deus. A oração é para que se cumpra a sua vontade em nós e não a nossa (Mc 14,36). Não devemos nos afligir se não recebermos imediatamente nosso pedido, pois com certeza Deus nos quer fazer perseverantes, para permanecermos mais tempo com Ele na oração.

5. Jesus chama a Deus de Pai. Pelo Batismo recebemos a filiação divina, somos filhos adotivos de Deus. Sendo assim, podemos também nós chamar Deus de Pai.

Tal como necessitamos nos alimentar em determinados horários (café da manhã, almoço, lanche, jantar...) para nos mantermos saudáveis, assim também precisamos ter uma rotina de oração. É muito comum ouvirmos pessoas reclamando que não sabem rezar ou que não conseguem, porque se distraem facilmente e não conseguem se concentrar. O Catecismo da Igreja Católica ensina-nos que a oração supõe um esforço e uma luta contra nós mesmos e contra os embustes do Tentador e que as principais dificuldades no exercício da oração são a distração e a aridez (cf. CIgC, n. 2731). A solução está na fé, na conversão e na vigilância do coração. Para isso é preciso criar uma rotina, criar o hábito de rezar todos os dias. O Catecismo (cf. n. 2691; 2720-2724) nos apresenta algumas pistas de como criar o hábito da oração:

1. **Escolha um local**: Procure em casa um lugar que seja o seu ponto de referência. Crie ali um pequeno altar, com a imagem de seu santo de devoção, Cruz, Bíblia e uma vela. Deixe sempre perto uma cadeira ou almofada.

2. **Escolha um horário**: Procure rezar sempre na mesma hora. Logo quando acordar, ou antes de dormir ou um horário que lhe seja mais conveniente.

3. **Sente-se de maneira confortável** e faça um **profundo silêncio**.

4. Ao aparecer as distrações, tome consciência de cada uma delas, coloque-as de lado e volte a se concentrar, sem dizer nada, apenas contemplando Deus no silêncio, deixando-o falar, e o escutando.

5. Na primeira semana poderá, além do silêncio e da escuta, apenas fazer um momento de louvor e agradecimento pelo dia.

6. Depois de uma semana, poderá começar a ler um texto bíblico (liturgia diária), meditando alguns versículos do Evangelho e concluindo com os louvores, preces e agradecimentos.

Nos primeiros dias, é natural se sentir incomodado e desinquieto, se distrair com facilidade. Conseguirá ficar pouco tempo em silêncio, talvez no máximo cinco minutos. Porém, depois de quinze dias, já irá conseguir ficar sete minutos e assim por diante. Com perseverança, irá adaptar o corpo à oração, ao silêncio e a escuta de Deus. E quando menos perceber estará perdendo a hora diante da oração que com o passar do tempo será cada vez mais necessária e indispensável na sua vida. A vida de oração exige esforço, disciplina e perseverança. Que tal começar hoje?

A FÉ QUE PROFESSAMOS

A ORAÇÃO DO PAI-NOSSO

Chamada também pela tradicional expressão "Oração dominical" [ou seja, "Oração do Senhor"] significa que a oração ao nosso Pai, nos foi ensinada e dada pelo Senhor Jesus. Esta oração que nos vem de Jesus é realmente única: Ela é "do Senhor" (CIC 2765). A sua importância remonta ao início da Igreja e é tida como o resumo de todo o Evangelho. Dado a sua importância, vamos compreendê-la melhor.

Pai nosso que estais nos céus

Jesus, sempre ao rezar, dirigia-se a Deus chamando-o de "Abba". Esta expressão aramaica, língua falada no tempo de Jesus, é um termo que era usado especialmente pelas crianças para dirigir-se a seu pai. Trata-se de um diminutivo carinhoso (algo como "papai") e que ninguém havia atrevido a empregar até então para dirigir-se a Deus. A atitude de Jesus diante de Deus é a daquele que fala a partir da confiança, do afeto e da ternura de uma pequena criança.

Chamar Deus de Pai é aceitá-Lo como gerador e fonte de vida. É situar-se diante de um Deus PAI. Dirigimo-nos a "Alguém" com rosto pessoal, atento aos desejos e necessidades do nosso coração. Dialogamos com um Pai que está na origem de nosso ser e que é o destino último de nossa existência. Quando pronunciamos esta palavra "Pai", orientamos todo nosso ser para o único que nos ama, compreende e perdoa, pois somos seus filhos.

Para rezar o Pai-nosso é preciso despertar em nós este "espírito de filho". Devemos aprender a orar com confiança total de filhos. Deus é um Pai que nos ama com amor insondável e que conhece nossas necessidades.

Rezar o Pai-nosso é reconhecer a todos como irmãos e irmãs, sentir-se em comunhão com todos os homens e mulheres, sem excluir ninguém, sem desprezar nenhum povo e nem discriminar nenhuma raça. Não podemos ser egoístas e pensarmos somente em nós. No Pai-nosso não se pede nada só para si mesmo, mas para todos. Ninguém deve ficar excluído.

O céu não corresponde a um lugar, mas designa a presença de Deus, que não está preso ao espaço ou ao tempo. Não devemos procurar o céu por cima das nuvens. Quando nos dedicamos a Deus na Sua glória e ao próximo em necessidade, quando fazemos a experiência da alegria do amor, quando nos convertermos e nos reconciliarmos com Deus... surge então o céu. Não é Deus que está no céu: O céu (lugar) é que está em Deus.

Podemos dizer que o céu começa aqui na terra. Na liturgia da Missa, quando o padre convida a todos a cantar uma só voz o "Santo", unimos a assembleia da terra (Igreja militante) com a Igreja do céu (Igreja triunfante, todos os que morreram na glória de Deus). O céu é todo lugar onde Deus está, ou melhor, é tudo o que está em Deus.

Santificado seja o Vosso Nome

Quando se fala em "santidade" na tradição bíblica indica-nos o modo próprio de ser de Deus. Só Deus é realmente Santo. Seu modo de ser não pode ser comparado com nada e com ninguém. Assim sendo, a santidade de Deus é exigência e fundamento para a humanidade viver de maneira santa.

O desejo de pedir que "santificado seja o teu nome", nasce em nós porque o nome de Deus, não é santificado nem glorificado. Seu nome não é reconhecido. Seu nome de PAI é desprezado, ignorado quando crescem no mundo o ódio, a inveja e as injustiças. Ele é ofendido quando se ofende seus filhos e filhas. Ao rezar pedimos que Deus mesmo santifique seu nome, e que se faça reconhecer por todos.

Concretamente, santificar o nome de Deus, significa para nós respeitar a Deus e aceitar sua presença salvadora em nossa vida, sem pretender manipulá-lo. Significa dar-lhe o lugar devido em nossa vida, em nosso pensar e agir, dar-lhe o lugar devido no nosso coração, sem colocar obstáculos à sua ação salvadora em nós. É colocar só nele a nossa esperança e confiança. É viver como verdadeiros filhos acolhendo a todos como irmãos.

Venha a nós o Vosso Reino

Jesus tinha a missão de inaugurar um novo Reino, agora não mais temporal, humano, mas um Reino que vai além dessa terra. Um Reino onde reinasse verdadeiramente a paz, a igualdade, a fraternidade, o serviço, o AMOR. Assim, Jesus anuncia o "Reino de Deus". Reino este, diferente da lógica humana. Reino que não pode ser entendido como o "céu", lugar de recompensa após a morte. Nem, ainda, como algo interior, que se realiza no interior dos crentes. Também não devemos confundir com a Igreja, como se o Reino de Deus só se realizasse dentro da instituição eclesiástica.

O Reino de Deus anunciado e inaugurado por Jesus vai muito além. É em primeiro lugar acreditar que Deus é o Soberano do povo, o Rei dos Reis. Ele quem conduz a humanidade. O Reino de Deus é algo inaugurado nesta terra por Jesus Cristo e está em marcha e acontece agora. Por isso ao dizer "venha a nós o teu reino" não estamos pedindo para ir para o céu, mas estamos almejando que o Reino de Deus se torne realidade entre nós, aqui nesta terra, que chegue sua justiça. Pedimos a conversão, que transforma nosso interior e a realidade inteira do mundo e a vida material, espiritual da sociedade, para que seja mais conforme com os desígnios de Deus. Pedimos que o Reino não se limite às fronteiras da Igreja, mas que o Reino de Deus chegue ao mundo inteiro e também à Igreja.

Seja feita a Vossa vontade assim na terra como no Céu

Jesus foi o único que cumpriu a vontade do Pai até o final. Que Ele foi obediente até a morte na cruz. Na oração de Sua agonia, Ele consente totalmente com a vontade do Pai, dizendo que não se cumpra a vontade Dele, mas a vontade Daquele que O enviou. É por isso que Jesus se entregou a si mesmo pelos nossos pecados, segundo a vontade de Deus. O homem pecou pela desobediência e em não assumir seus próprios erros, Jesus por sua vez foi obediente e cumpriu em tudo o projeto do Pai.

Jesus reza ao Pai pedindo que se cumpra a sua vontade. Jesus, como verdadeiro homem também teve a tentação de que se possível, ele não precisasse beber do cálice, ou seja, passar pela morte. Mas a obediência de Cristo, em cumprir até o último momento a vontade do Pai, fez com que sua humanidade fosse glorificada e a morte vencida. Com sua obediência Jesus resgata o homem da morte eterna.

Assim como Deus tinha um projeto para o Filho e este se cumpriu plenamente, Deus também tem um projeto para cada um de nós. Todo ser humano sonha e planeja o seu futuro, porém com o passar do tempo, nem sempre as coisas acontecem como planejado e quando isto acontece, muitos murmuram, falam mal e se revoltam contra Deus.

Na linguagem bíblica, quando se fala de "céu e terra", o que se quer indicar é a totalidade de tudo o que existe, toda a criação. Mas como vimos na invocação inicial, o "céu" é o lugar próprio de Deus e a "terra" é o espaço do homem. Nesta perspectiva pedimos que se realize entre a humanidade o que se dá em Deus. Que se realize na terra o desígnio que decidiste no céu; que faça entre nós a vontade do Pai.

O teólogo cristão Orígenes, em um de seus comentários escreveu: "Se fosse feita a vontade de Deus na terra como se faz no céu, a terra já não seria terra... seríamos então céu".

Portanto, pedimos a Deus que a sua vontade se faça sempre e em todo lugar, que ninguém e nada se fechem aos seus desígnios, que sua vontade de salvação abrace a tudo.

Jesus foi obediente até o fim, é caminho a seguir. Fazer a vontade do Pai nos introduz numa relação nova e especial com Ele. Jesus resume todos os mandamentos da lei no amor, que nos amemos uns aos outros. Pedimos que amor que reina no céu seja uma realidade na terra. Onde reina o amor, não há espaço para brigas, inveja, ciúmes, fofocas e violência.

O pão nosso de cada dia nos daí hoje

Com este pedido começa a segunda parte da oração do Senhor. Nos três primeiros estava centrada em Deus: "Teu nome", "Teu reino", "Tua vontade". A partir de agora a atenção se volta para nós mesmos: "Nosso pão", "nossas ofensas", "não nos deixes cair em tentação", "livra-nos do mal".

Pedir pão é um gesto próprio dos mais pobres, que não têm o mínimo para viver. Na língua materna de Jesus, o pão significava "alimento" de modo geral, o mais básico e essencial para uma pessoa sobreviver. A vida depende do pão, e por isso pedimos a Deus o alimento necessário e indispensável para a nossa vida. Não vivemos sem nos alimentar e pedindo o "pão" a Deus, reconhecemos assim, nossa dependência total a Ele. Ou seja, reconhecemos que dependemos de Deus inclusive para o nosso sustento material. Quando pedimos o pão ao Pai, estamos pedindo algo bom e necessário para viver.

Porém, esse pedido não é feito no singular: "pão meu", mas sim no plural, "pão nosso", lembrando que o pão não é só minha necessidade particular, mas expressa a necessidade de todos os homens e mulheres da terra. Pedimos ao Pai o pão do qual cada ser humano necessita para viver. Não temos o direito de pensar só em nos satisfazer, em nossas necessidades, e esquecer-nos dos milhões de pessoas que passam fome e não tem o mínimo para sobreviver. Quantos famintos e desnutridos estão espalhados pelo mundo, e ao nosso lado. Temos o dever e a obrigação, como cristãos de partilhar o pão que temos. Enquanto houver alguém com necessidade e passando fome, o pão que guardamos e acumulamos é alimento injusto, não nos pertence. Lembremos o que disse Jesus no Evangelho de Mateus (25,35): *"Tive fome e me destes de comer, tive sede e me deste de beber"*. Portanto, ao fazer este pedido, não podemos ignorar os menos favorecidos. Sempre existe alguém mais pobre do que nós, do qual podemos partilhar o que temos em nossa mesa (seja alimento, roupas, brinquedos, livros, etc.).

Pedir o pão de cada dia significa pedir a Deus o necessário somente para o dia de HOJE, para o presente, sabendo que a cada dia temos necessidade dele, mas sem a preocupação de juntar bens para o futuro. Lembremos aqui, o texto bíblico que hoje meditamos. Não pedimos riqueza nem bem-estar, mas o necessário para alimentar-nos no dia a dia, cobrindo nossas necessidades fundamentais. Isto implica todo um estilo de vida de maneira sóbria e confiante a Deus.

Nos diz o CIC (2861), que o *"pão nosso designa o alimento terrestre necessário à subsistência de todos nós e significa também o Pão de Vida: Palavra de Deus e Corpo de Cristo"*. Ao pedir ao Pai o pão, estamos reconhecendo nossa completa dependência Dele, não só no nível do sustento material, mas também, da necessidade do pão da Sua Palavra e da Eucaristia, para alimentar nosso espírito *"pois não só de pão vive o homem, mas de toda palavra que sai da boca de Deus"* (Mt 4,4). Pedimos o Evangelho, a Palavra de Deus que alimenta nosso viver diário e o pão do Corpo e Sangue de Cristo. Para nós Cristãos, o verdadeiro pão é o próprio Cristo. *"Eu sou o pão vivo que desceu do céu. Quem come deste pão viverá eternamente. E o pão que eu darei é minha carne, entregue pela vida do mundo"* (Jo 6,51). O pedido de pão adquire uma riqueza extraordinária. Pedimos sustento material e alimento espiritual, tudo o que é necessário para viver.

Perdoai-nos as nossas ofensas, assim como nós perdoamos a quem nos tem ofendido

O pecado na Bíblia pode ser entendido de diversas formas: rebeldia contra Deus, desviar de seus caminhos e se afastar de sua presença, desobediência, infidelidade à sua aliança, recusa do seu amor. Na oração do Pai-nosso, porém, considera-se pecado como uma "dívida", um vazio, uma falta de resposta ao dom imenso de Deus. O grande pecado da humanidade é a falta de resposta ao seu amor de Pai. Estamos em dívida com Deus.

Para Jesus o verdadeiro pecado é a omissão. No último dia seremos julgados não pelo mal que tenhamos praticado, mas pelo que deixamos de fazer aos famintos, pobres, enfermos, estrangeiros, encarcerados, abandonados e excluídos. "Em verdade, vos digo todas as vezes que não fizestes isso a um desses pequeninos, foi a mim que o deixastes de fazer" (Mt 25,45).

O pecado, portanto, não é só transgressão a uma lei, é muito mais, é deixar de responder ao projeto de amor e salvação que Deus tem para cada um de nós. É uma ofensa pessoal a um Pai do qual tudo recebemos e que espera que nos amemos como verdadeiros irmãos.

Nosso pedido de perdão só é possível se reconhecemos nosso pecado e nossa dívida. Todos somos pecadores, e Deus conhece o coração de cada um de nós e nos perdoa sempre. Porém é preciso que olhemos para dentro de nós, que nos examinemo-nos e reconheçamos que somos pecadores. Assim como os doentes são os que precisam de médico, assim os pecadores são os que precisam de Deus.

Quando reconhecemos ser pecadores, quando nos arrependemos, nasce em nós um pedido, uma súplica: Perdoa-nos. O arrependimento é fundamental para que esse pedido seja sincero e de coração. É preciso reconhecer que somos pequenos, fracos e pecadores.

O perdão de Deus aparece vinculado ao perdão que nós concedemos aos irmãos. Mas como entender esta relação? Temos que ter claro, que nosso perdão não é condição indispensável para receber o perdão de Deus, pelo contrário, o perdão aos nossos irmãos é consequência ou fruto do perdão que recebemos de Deus.

Claro que Jesus advertiu que para receber o perdão de Deus se requer que nós perdoemos nossos irmãos e insiste nisto como nos mostra várias passagens da Escritura: Mc 11,25; Lc 6,37; Mt 11,25; Mt 5,23-24. Tudo isso pode nos induzir ao erro. Nosso perdão ao irmão não é algo prévio que devemos fazer para merecer o perdão do Pai. O perdão de Deus é absolutamente gratuito, sem merecimento algum de nossa parte.

É o perdão e a misericórdia de Deus que suscita em nós a capacidade de perdoar e de reproduzir para com os irmãos a mesma atitude que o Pai tem conosco. Assim entendemos as exortações entre os primeiros cristãos: *"sede bondosos e compassivos, uns para com os outros, perdoando-vos mutuamente, como Deus vos perdoou em Cristo"* (Ef 4,32) ou ainda Cl 3,13.

Rezar o Pai-nosso é ter a consciência de que Deus já ofereceu em Cristo gratuitamente o seu perdão total. Mas só é possível acolher o perdão de Deus, abrindo-nos a esse amor misericordioso criando em nós a mesma atitude. Quem aceita o perdão do Pai, transforma-se e vive perdoando. *"Até setenta vezes sete"* (Mt 18,22). Ao contrário, quem não se transformou abrindo-se ao amor e guarda rancor, continua a pedir conta dos outros. Nossa oração não pode ser hipócrita. Não podemos ser desumanos e resistir a perdoar, precisamente quando estamos invocando para nós a misericórdia do Pai.

Sendo assim, nosso perdão não precede o perdão de Deus, mas o nosso pedido de perdão. Nosso perdão não é uma condição para que Deus nos perdoe, mas para que nosso pedido seja sincero. Se podemos dizer "como nos perdoamos...", é porque já recebemos o perdão de Deus. É porque fomos perdoados pelo Pai que podemos perdoar aos irmãos, e porque podemos perdoar aos irmãos nos é permitido implorar a Deus sinceramente seu perdão definitivo.

Não nos deixeis cair em tentação

A sexta petição da oração do Pai Nosso é a única formulação negativa. Conscientes da nossa condição de pecadores, suplicamos ao Pai que nos dê força e nos ajude a não cair no pecado. Mais do que pedir a Deus que nos liberte das tentações diárias, pedimos a Deus que não nos deixe cair na tentação radical e definitiva de recusar o seu Projeto de Salvação, o Reino que Ele nos preparou e abandonar a fé em Jesus Cristo.

Como ser humano, somos livres, porém condicionados e influenciados por muitos fatores para fazer nossas escolhas (a TV, internet, as redes sociais, os amigos...). Somos fracos e expostos a todo tipo de perigo que podem arruinar o projeto que Deus tem para nós. O mal nos ameaça e a qualquer momento podemos cair no egoísmo e na infidelidade. A partir desta realidade frágil e ameaçada brota nossa súplica pedindo a Deus que nos ajude.

Quando pedimos a Deus para não nos deixar cair em tentação, não pedimos uma "redoma de vidro" à prova das tentações, pelo contrário, pedimos a força e a sabedoria de Deus para vencer as tentações, para não cairmos nas armadilhas do tentador. Na nossa caminhada terrestre estamos sujeitos a todo tipo de tentação, situações que nos serão atrativas, e que parecerão lucrativas em primeiro momento, mas que no final nos deixará o gosto amargo da culpa. A tentação maior é a de recusar a Deus, de fechar-nos ao seu amor e substituí-lo por nosso próprio egoísmo.

Tentações teremos, mas Deus é aquele que, no meio das provas, dá forças para que possamos vencê-las. Pedimos a Deus que não nos deixe ceder á tentação. Deus é fiel e não permitirá que sejamos tentados acima das nossas forças.

Jesus então nos deixa uma advertência: *"Vigiai e orai, para não cairdes em tentação!"* (Mc 14,38). Jesus nos ensina que diante da tentação a nossa atitude deve ser dupla: vigiar e rezar. Não podemos subestimar a tentação achando que somos fortes e que sozinhos conseguimos vencê-la. *"Quem julga estar de pé tome cuidado para não cair"* nos diz a leitura de São Paulo à comunidade de Coríntios (1Cor 10,12).

Orar e vigiar significa tomar consciência da nossa fraqueza e não cair no orgulho ou na autossuficiência. Saber que precisamos orar e vigiar é manter ativa nossa liberdade pessoal e confiar na graça de Deus.

Deus criou o céu e a terra, neste sentido o mundo é bom, pois é obra de Deus, é sua criação. Porém, constatamos a presença obscura do mal: o pecado, as guerras, as injustiças, a corrupção, a fome, as doenças, as desgraças, a morte. Diante disto lançamos um grito de socorro a Deus, nosso Pai: "Livra-nos do mal".

O grito dirigido a Deus, não é apenas para que Ele nos livre das dificuldades e dos males de cada dia, para viver de maneira tranquila e despreocupada. Pedimos ao Pai que nos livre do mal que pode nos afastar do seu Reino, do seu projeto de salvação, que pode nos afastar da sua presença.

Mas livrai-nos do mal

O mal, refere-se a uma pessoa: Satanás, como podemos verificar nos evangelhos, o "maligno" (Jo 17,15), "o tentador" (Mt 4,3), "homicida e mentiroso" (Jo 12,31), "príncipe deste mundo" (Jo 12,31), que luta contra o Reino de Deus, que arranca a Palavra semeada no coração da pessoas (Mt 13,19) e que semeia o "joio" no meio do trigo, como vimos no Evangelho que proclamamos. Sabemos que seu poder foi vencido por Jesus, mas ele ainda está no meio de nós, mesmo que por pouco tempo, pois, Jesus quando voltar pela segunda vez, no dia da colheita, então separa definitivamente o trigo do joio, os bons e maus. No Pai-nosso, ao pedir que nos livre do Maligno, pede-se a Deus igualmente que nos livre do poder e da força hostil deste maligno. Que sejamos libertados de todos os males, presentes, passados e futuros, dos quais ele é autor e instigador.

Sabemos que o pecado e a maldade, não estão só no coração das pessoas, mas já está enraizado nas estruturas da sociedade, nas instituições, nos sistemas injustos e nas culturas e nos costumes imorais. Um pecado que nos ultrapassa e que está atuando contra o Reino de Deus e contra o ser humano. O mal está aí com todo o seu poder, e insiste em nos enganar.

Como cristãos não devemos ter medo, mas sim confiar em Deus e lutar contra os embustes e ciladas do demônio, enquanto esperamos a plena manifestação de Jesus Cristo em sua segunda vinda. Enquanto esperamos, prosseguimos pedindo ao Pai a sua proteção salvadora. O Pai-nosso é a oração diária do Cristão!

Amém!

Ao concluir a oração do Pai-nosso rezado cotidianamente, dizemos o "amém" que significa "que isso se faça", "que assim seja", que aconteça tudo o que acabamos de rezar. É como se fosse a nossa assinatura atestando o que acabamos de pedir e que verdadeiramente se cumpra tudo o que está contido na oração que o Senhor nos ensinou.

▶ Encontro a ser realizado no
5° aniversário de Batismo

5 ANOS – FÉ, ESPERANÇA E CARIDADE

Palavra inicial

Estimados pais e padrinhos, neste ano queremos refletir sobre as virtudes humanas (prudência, justiça, fortaleza e temperança) e teologais (fé, esperança e caridade), virtudes essenciais e identidade a todo cristão.

Material a ser providenciado

Bíblia, vela, flores e imagem de algum santo que a família tenha em casa.

Iniciando nosso encontro

Dirigente: Traçando sobre nós o sinal da Cruz iniciemos nosso encontro.

Todos: Em nome do Pai, e do Filho e do Espírito Santo. Amém!

Dirigente: Que a graça e a Paz de Deus nosso Pai, que hoje nos reuniu em nome do seu filho, Jesus Cristo, esteja sempre convosco!

Todos: Bendito seja Deus que nos reuniu no amor de Cristo!

Dirigente: Invoquemos o Espírito Santo pedindo que Ele nos ilumine e nos dê entendimento para ouvir e acolher a Palavra de Deus. Rezemos juntos:

Todos:

"Vinde Espírito Santo, enchei os corações dos vossos fiéis. E acendei neles o fogo do Vosso amor. Enviai o Vosso Espírito e tudo será criado, e renovareis a face da terra.

Oremos: *Deus, que instruístes os corações dos vossos fiéis com a Luz do Espírito Santo, fazei que apreciemos retamente todas as coisas, segundo o mesmo Espírito, e gozemos sempre da Sua consolação. Por Cristo Senhor Nosso."* Amém!

ILUMINADOS PELA PALAVRA DE DEUS

Texto bíblico: 1Cor 13,1-13.

Dirigente: Atentos vamos escutar a passagem do Evangelho segundo São Lucas.

(Um dos presentes tomando a Bíblia nas mãos e abrindo-a proclama o texto bíblico. Após alguns minutos de silêncio, lê o texto novamente, desta vez pausadamente. Depois de alguns minutos de meditação, os que quiserem podem repetir algum versículo que tenha chamado atenção.)

ILUMINADOS PELA PARTILHA DA PALAVRA

Dirigente: No texto bíblico que acabamos de ouvir, Paulo escreve a comunidade de Coríntios dizendo que entre os vários carismas e funções na Igreja, o amor/caridade supera a todos. Sem o amor fraterno os outros dons nada valem. O amor supera as maldades do egoísmo e encerra todas as virtudes. Apesar do amor ser a base e fundamento de tudo, as virtudes são importantes e nos ajudam a viver como cristãos. A palavra virtude, significa um conjunto de qualidades próprias do homem, pois nascemos para fazer o bem. As virtudes podem ser divididas em humanas e teologais como nos ensina o Catecismo da Igreja Católica (nn. 1834-1844):

> *As virtudes humanas são disposições estáveis da inteligência e da vontade que regulam nossos atos, ordenando nossas paixões e guiando-nos segundo a razão e a fé. Podem ser agrupadas em torno de quatro virtudes cardeais: a prudência, a justiça, a fortaleza e a temperança (...). [Essas virtudes crescem em nós] pela educação, pelos atos deliberados e pela perseverança no esforço. A graça divina as purifica e as eleva.*

> *As virtudes teologais dispõem os cristãos a viver em relação com a Santíssima Trindade. Têm a Deus por origem, motivo e objeto, Deus conhecido pela fé, esperado e amado por causa de si mesmo. Há três*

virtudes teologais: a fé, a esperança e a caridade. Estas informam e vivificam todas as virtudes morais [humanas].

Pela fé, nós cremos em Deus e em tudo o que Ele nos revelou e que a Santa Igreja nos propõe para crer. Pela Esperança, desejamos e aguardamos de Deus com firme confiança, a vida eterna e as graças de merecê-la. Pela caridade, amamos a Deus sobre todas as coisas e a nosso próximo como a nós mesmo por amor a Deus. Ela é o 'vinculo da perfeição' (Cl 3,14) e a forma de todas as virtudes.

As virtudes humanas e teologais nos ajudam a conviver em sociedade, no meio da nossa família e comunidade, orientando na maneira cristã de agir e, sobretudo no nosso relacionamento com Deus.

Vamos conversar:

» Qual mensagem do texto bíblico considera importante para a vida pessoal, familiar e de cristão?

» Conheciam as virtudes humanas e teologais? Como podemos cultivá-las em nós?

» Como família e pais cristãos devemos ensiná-las aos nossos filhos. De que maneira podemos ensinar e cultivar estas qualidades em suas vidas?

REZAR A PALAVRA DE DEUS

Dirigente: Elevemos a Deus, que tudo faz para o bem do homem, os nossos pedidos e as nossas preces, para que ele se digne vir em nosso auxílio:

R. Senhor, ajuda-nos a amar!

1. Senhor, ajude-nos a cultivar as virtudes em nossa família, para que possamos viver como bons cristãos. **R.**

2. Senhor, que possamos educar nossos filhos cultivando neles as qualidades e os valores cristãos. **R.**

3. Senhor, que o amor supere todo o desentendimento e nos faça dóceis ao Espírito Santo. **R.**

4. Senhor, que nunca falte a fé, a esperança e a caridade ao (a) ...N..., para que possa crescer cultivando os valores do Reino. **R.**

(Preces espontâneas.)

Oração do Pai-nosso

Dirigente: Iluminados pela sabedoria do Evangelho, rezemos a oração que Jesus nos deixou:

Todos: "Pai nosso que estais nos céus..."

Dirigente: Peçamos a intercessão da Mãe de Deus: "**Ave Maria, cheia de graça...**"

Oração final

Dirigente: Deus Pai de amor, olhai para nossa família que hoje reunida, espera confiante o cumprimento de vossa promessa, que nunca nos falte a fé, a esperança e a caridade. Amém!

Dirigente: Louvado seja nosso Senhor Jesus Cristo!

Todos: Para sempre seja louvado!

Dirigente: *Vamos encerrar nosso momento de oração nos abençoando traçando o sinal da cruz na fronte dizendo: "Deus te abençoe!"*

REGISTRAR ESTE CÉLEBRE MOMENTO

A primeira foto poderá ser de toda a família e a segunda apenas do aniversariante de batismo.

Educar na fé!

Como pais que querem verdadeiramente assumir os compromissos do Batismo, anunciando e transmitindo a fé aos filhos, sugerimos algumas ações a serem desenvolvidas ao longo deste ano que envolvam a prática das virtudes cardeais da Igreja: temperança, prudência, justiça e fortaleza. Estas sendo educados e apreendidas progressivamente no decorrer do desenvolvimento da criança, partindo das coisas simples e fatos do seu cotidiano.

» JUSTIÇA – contar fatos da vida de Jesus em que Ele atribui direitos de igualdade e liberdade para todos sem distinção. Explorar como é possível agir com justiça com os familiares e amigos.

» TEMPERANÇA – criar histórias ou assistir desenhos animados, com o filho (a) que envolvam as atitudes da virtude da temperança ou ausência dela. Assim, poderá dialogar sobre os fatos e desenvolver o entendimento sobre o que é ser moderado, prudente, o que é controlar suas atitudes e vontades. E divertidamente ajudar a criar o bom hábito desta virtude em sua vida.

» FORTALEZA – com histórias explorar a coragem para fazer o bem. Poderá também, com quebra-cabeças explorar a importância da paciência e perseverança para realizar algo que deseja, aprendendo a lidar com os detalhes, a procurar as peças e persistir para contemplar o cenário. Paciência e perseverança são comportamentos que podem ser ensinados, por meio da brincadeira, mas caberá aos genitores terem também paciência e perseverança para que estas se incorporem à dinâmica de vida dos filhos.

» PRUDÊNCIA – esta virtude pode ser trabalhada apresentando à criança situações-problema, compatíveis com a sua idade, para ajudar a perceber o que é realmente importante, para saber escolher o bem.

PARA CONHECER +

A FÉ QUE PROFESSAMOS

Sugerimos a leitura do texto: "As Virtudes" - do Catecismo da Igreja Católica, nn. 1803-1845.

▶ Encontro a ser realizado no 6° aniversário de Batismo

6 ANOS – BENDITA ENTRE AS MULHERES

Palavra inicial

Neste quinto aniversário de Batismo, queremos refletir sobre o sim de Maria, que a torna "teófora", ou seja, portadora de Deus. A sua disponibilidade e exemplo tornam-se referência para nossa vida cristã.

Material a ser providenciado

Bíblia, vela, flores e imagem de Nossa Senhora.

Iniciando nosso encontro

Dirigente: É com alegria, que mais um ano nos reunimos para juntos rezar em família e fazer memória do dia sagrado em que ...N... recebeu o Batismo. Neste dia de festa, sob a intercessão e o olhar maternal de Maria queremos rezar. Iniciemos traçando sobre nós o sinal da Cruz:

Todos: Em nome do Pai, e do Filho e do Espírito Santo. Amém!

Dirigente: Que a graça e a Paz de Deus nosso Pai, que hoje nos reuniu em nome do seu filho, Jesus Cristo, esteja sempre convosco!

Todos: Bendito seja Deus que nos reuniu no amor de Cristo!

Dirigente: Vamos invocar o Espírito Santo de Deus, para vir em nosso auxílio, para que possamos ouvir atentamente a Palavra de Deus, meditar e guardá-la em nosso coração. Rezemos juntos:

Todos:

"Vinde Espírito Santo, enchei os corações dos vossos fiéis. E acendei neles o fogo do Vosso amor. Enviai o Vosso Espírito e tudo será criado, e renovareis a face da terra.
Oremos: *Deus, que instruístes os corações dos vossos fiéis com a Luz do Espírito Santo, fazei que apreciemos retamente todas as coisas, segundo o mesmo Espírito, e gozemos sempre da Sua consolação. Por Cristo Senhor Nosso." Amém!*

ILUMINADOS PELA PALAVRA DE DEUS

Texto bíblico: Lc 1,26-56.

Dirigente: Agora atentos vamos ouvir um pequeno trecho do Evangelho de São Lucas.

(Um dos presentes tomando a Bíblia nas mãos e abrindo-a proclama o texto bíblico. Após alguns minutos de silêncio, lê o texto novamente, desta vez pausadamente. Depois de alguns minutos de meditação, os que quiserem podem repetir algum versículo que tenha chamado atenção.)

ILUMINADOS PELA PARTILHA DA PALAVRA

Dirigente: As profecias sobre o Messias, anunciadas pelos profetas do Antigo Testamento agora se cumprem com a escolha e o sim de Maria. Deus continuando seu plano de amor e salvação envia o anjo Gabriel a Maria, uma jovem prometida em casamento a um homem chamado José.

Maria escuta atentamente as palavras do anjo, e mesmo não sabendo como tudo aconteceria, ela confia no projeto de Deus e diz seu sim. O anjo também lhe diz que sua prima Isabel, esposa de Zacarias, estéril e idosa também conceberia e daria a luz um filho: João Batista (cf. Lc 1,5-25). Maria mais do que depressa se coloca a caminho e vai ao encontro de Isabel.

Ao questionarmos o porquê Maria vai visitar Isabel, e qual o intuito deste encontro, pode-se dizer a primeira vista, que Maria vai ajudá-la nos afazeres domésticos. Porém, em uma leitura mais atenta, percebe--se que o momento em que Isabel mais necessitaria de ajuda, ou seja, quando dá a luz e João Batista nasce, Maria retorna, vai embora. Isso significa que a intenção de Maria não era simplesmente ajudar Isabel nos afazeres da casa, pois isso qualquer um poderia fazer. Os próprios vizinhos poderiam auxiliá-la. O papel de Maria é muito maior.

Quando Maria diz o seu sim, ela torna-se *"teófora"*, ou seja, portadora de Deus. Maria vai ao encontro de sua prima, pois diante dos acontecimentos Isabel está sem compreender todo o projeto de Deus também na sua vida, pois, era estéril e agora estava grávida, idosa e com o marido mudo. Com certeza precisava compreender todos estes últimos acontecimentos. Maria então, ao ir ao seu encontro, torna-se a resposta e ocasião de cura para Isabel.

Maria torna-se portadora da Boa-Notícia, portadora de Deus para sua prima. A sua simples presença, dá a Isabel todas as respostas de que ela necessita. Isto porque ela carregava em seu seio, o Filho de Deus, Jesus Cristo. Hoje também somos chamados a gerar Jesus em nossas vidas e a exemplo de Maria, ser portadores de Deus na vida de tantos homens e mulheres que estão sofrendo e estão sem esperança.

Vamos conversar:

» Qual a mensagem do texto que considera importante para a sua vida pessoal, familiar e de cristão?

» De que maneira podemos gerar Jesus hoje e como cristãos podemos ser portadores de Deus na vida das pessoas, sobretudo dentro de nossa família?

» Como Mãe, Maria torna-se modelo, segurança e fonte de inspiração a toda a Igreja. Como nos relacionamos com ela?

REZAR A PALAVRA DE DEUS

Dirigente: Neste dia de festa e alegria, elevemos a Deus, nossas preces. No final de cada prece vamos dizer:

R. Senhor, eis-nos aqui!

1. Que a exemplo de Maria, possamos dar o nosso SIM a cada dia, no cumprimento que Deus tem para nós. **R.**

2. Que a exemplo de Maria possamos gerar Jesus no seio de nossa família, e acolhê-lo com alegria. **R.**

3. Que a exemplo de Maria, saibamos confiar a Deus todos os nossos medos, angústias e sofrimentos. **R.**

4. Que a exemplo de Maria, nosso(a) querido(a) ...N... possa crescer sendo fiel ao projeto de Deus, sendo dócil ao seu chamado. **R.**

(Preces espontâneas.)

Oração do Pai-nosso

Dirigente: Nossas preces prossigamos, rezando a oração que Jesus nos ensinou: "**Pai nosso que estais nos céus...**"

Dirigente: Peçamos a intercessão da Mãe de Deus: "**Ave Maria, cheia de graça...**"

Oração Final

Dirigente: Deus de bondade, que escolhestes Maria para ser a Mãe do Salvador e nossa mãe, te pedimos que a exemplo de Maria possamos dar nosso SIM generoso ao seu projeto de amor, sendo sinal de sua presença entre os mais necessitados. Amém!

Dirigente: Louvado seja nosso Senhor Jesus Cristo!

Todos: Para sempre seja louvado!

Dirigente: *Vamos concluir este momento nos abençoando traçando o SINAL DA CRUZ NA FRONTE DIZENDO: "DEUS TE ABENÇOE!"*

REGISTRAR ESTE CÉLEBRE MOMENTO
A primeira foto poderá ser de toda a família e a segunda apenas do aniversariante de batismo.

Educar na fé!

A exemplo de Maria devemos estar sempre abertos ao projeto de Deus, e sobretudo ajudar nossos filhos nessa compreensão. Sugerimos algumas ações a serem desenvolvidas ao longo deste ano:

» Maria foi aquela que ouviu a voz de Deus pelo anjo. O silêncio é importante para que a escuta aconteça. Ajude seu(a) filho(a) a parar uns instantes, e no silêncio do coração escutar a Deus.

» Maria se abriu ao próximo, foi ao encontro de sua prima que necessitava de ajuda. Aos seis anos de idade as crianças já conseguem aprender a importância da caridade, de repartir... ajude-os a escolher brinquedos e roupas que não usam mais para ser doada às crianças que nada têm. Esse despojamento e partilha contribuirá para o seu crescimento afetivo e social.

A FÉ QUE PROFESSAMOS

PARA CONHECER +

Sugerimos a leitura do texto: "Maria - Mãe de Cristo, Mãe da Igreja" - do Catecismo da Igreja Católica, nn. 963-975.

▶ Encontro a ser realizado no
7º aniversário de Batismo

7 ANOS – CRESCER EM SABEDORIA, IDADE E GRAÇA

Palavra inicial

Estimados pais, neste último encontro, queremos refletir sobre o crescimento da fé, transmitida de geração em geração, e que assumida por nós, resulta em uma vida de oração e testemunho.

Material a ser providenciado

Bíblia, vela, flores e imagem de algum santo que a família tenha em casa.

Iniciando nosso encontro

Dirigente: A grande festa do nascimento de Jesus se aproxima. A feliz certeza de que Jesus é o nosso libertador, nos enche de alegria. Rezemos, louvando ao Senhor por se dignar enviar seu Filho ao mundo para nos salvar. Sobre nós, tracemos o sinal da Cruz iniciando o nosso encontro:

Todos: Em nome do Pai, e do Filho e do Espírito Santo. Amém!

Dirigente: Que a graça e a Paz de Deus nosso Pai, que hoje nos reuniu em nome do seu filho, Jesus Cristo, esteja sempre convosco!

Todos: Bendito seja Deus que nos reuniu no amor de Cristo!

Dirigente: Rezemos pedindo o Espírito Santo, para que nos ilumine nos caminhos que devemos trilhar ao irmos ao encontro do salvador Jesus Cristo. Rezemos juntos:

Todos:

"Vinde Espírito Santo, enchei os corações dos vossos fiéis. E acendei neles o fogo do Vosso amor. Enviai o Vosso Espírito e tudo será criado, e renovareis a face da terra.

Oremos: *Deus, que instruístes os corações dos vossos fiéis com a Luz do Espírito Santo, fazei que apreciemos retamente todas as coisas, segundo o mesmo Espírito, e gozemos sempre da Sua consolação. Por Cristo Senhor Nosso."* Amém!

ILUMINADOS PELA PALAVRA DE DEUS

Texto bíblico: Lc 2,41-52.

Dirigente: Ouçamos as palavras do santo Evangelho segundo Lucas.

(Um dos presentes tomando a Bíblia nas mãos e abrindo-a proclama o texto bíblico. Após alguns minutos de silêncio, lê o texto novamente, desta vez pausadamente. Depois de alguns minutos de meditação, os que quiserem podem repetir algum versículo que tenha chamado atenção.)

ILUMINADOS PELA PARTILHA DA PALAVRA

Dirigente: Para cumprir a obrigação da Lei judaica, a Sagrada Família de Nazaré, vai a Jerusalém para a festa da Páscoa. Também pela Lei, aos doze anos de idade, os meninos adquiriam maioridade, com direitos e obrigações civis e religiosas, sendo considerados cidadãos judeus. A ida de Jesus e seus pais até o Templo de Jerusalém também tinha esse objetivo, de declarar a maioridade de Jesus conforme determinava a Lei.

Terminado as solenidades pascais, e se juntando a uma caravana de fiéis, José e Maria retornam para casa, se dando conta de que Jesus tinha ficado para trás, só algum tempo depois. Com aflição, o procuram nas barracas e em diversos lugares, encontrando-o três dias depois no Templo, junto aos doutores da Lei. O final do Evangelho nos diz que Maria guardava todas essas coisas no coração e que Jesus crescia em sabedoria, idade e graça diante de Deus e das pessoas.

Pouco se sabe sobre a infância de Jesus, mas estes últimos versículos podem nos ajudar a imaginar como tenha sido. Esse texto também hoje tem muito a nos dizer: Sete anos já se passaram desde o batizado do(a) ...N... e aos poucos ele(a) está crescendo. Quantas coisas devem ter acontecido nesses anos, que podem ter nos deixado preocupados e felizes. As cólicas, o choro, os tombos... o primeiro dentinho, as gargalhadas, as primeiras palavras...a entrada na escola... Sem dúvida todos de nossa família buscaram cuidar, encher de carinho e dar o melhor para que crescesse com saúde.

O Evangelho chama atenção dos pais para o equilíbrio que deve acontecer no crescimento dos filhos, das diversas dimensões da vida: vida pessoal, comunitária/social e espiritual. Muitas vezes nos preocupamos com as melhores roupas, a melhor escola, com o futuro... porém, muitas vezes nos esquecemos que a vida vai muito além das coisas materiais e intelectual. A presença e o carinho dos pais são fundamentais, e juntamente com as questões afetivas é necessário também o zelo pela espiritualidade. Ensinar os mandamentos, os valores, uma vida de oração e meditação sem dúvida ajudarão a criança a crescer não só em idade, mas também em graça diante de Deus e das pessoas. A fé cristã envolve a pessoa por inteiro e atinge todas as áreas da vida, abrangendo tudo o que somos: mente, corpo, coração, tornando-se significativa tanto para a criança, quanto para os adultos, tanto para o indivíduo como para a comunidade.

Que o Evangelho que hoje lemos, nos ajude a perceber o crescimento harmônico e integrado do jovem Jesus, e que como cristãos possamos também cuidar do crescimento integral de nossos filhos.

Vamos conversar:

» Que mensagem do texto bíblico é importante para a vida pessoal, familiar e cristã?

» O que nos faz crescer em tamanho, sabedoria e graça diante de Deus?

» Recordando um pouco a rotina do nosso dia ou semana, existe um equilíbrio no tempo dedicado ao trabalho, lazer, à família e à oração?

» Temos percebido o crescimento integral do(a) querido(a) ...N..., sobretudo o que tange a vida espiritual?

REZAR A PALAVRA DE DEUS

Dirigente: Confiantes supliquemos ao Senhor que nos ajude a sempre crescer em idade, sabedoria e graça diante Dele:

R: Ajudai-nos Senhor!

1. Que a exemplo de Maria saibamos guardar as coisas no coração, e esperar em Deus. **R.**

2. Que possamos estar atentos zelando sempre para o crescimento integral de toda nossa família. **R.**

3. Que saibamos louvar e agradecer tudo o que de graça recebemos da infinita bondade de Deus. **R.**

4. Que saibamos cultivar na vida do(a) querido(a) ...N..., os valores cristãos, ajudando-o(a) a crescer em idade, sabedoria e graça diante de Deus e das pessoas. **R.**

(Preces espontâneas.)

Oração do Pai-nosso

Dirigente: Rezemos com amor e confiança a oração que Jesus nos ensinou: "**Pai nosso que estais nos céus...**"

Dirigente: peçamos a intercessão da Mãe de Deus: "**Ave Maria, cheia de graça...**"

Oração Final

Dirigente: Deus pai bondoso, que nossa casa saiba acolher e ter como modelo e exemplo a Sagrada Família de Nazaré, onde na simplicidade possamos acolher e fazer a Tua vontade. Amém!

Dirigente: Louvado seja nosso Senhor Jesus Cristo!

Todos: Para sempre seja louvado!

Dirigente: *Vamos encerrar este momento de oração com todos se abençoando traçando o sinal da cruz na fronte dizendo: "Deus te abençoe!"*

REGISTRAR ESTE CÉLEBRE MOMENTO

A primeira foto poderá ser de toda a família e a segunda apenas do aniversariante de batismo.

Educar na fé!

Caros pais,

O Código do Direito Canônico, que são as leis que regem a Igreja, diz que a criança atinge a idade da razão aos sete anos de idade, ou seja, que ela tem condições de conhecer um pouco mais a fé e assumi-la em sua vida. Sendo assim, sugerimos a seguir, algumas ações a serem desenvolvidas para que vosso(a) filho(a) comece a compreender e a assumir a fé que a sete anos atrás vocês assumiram em seu nome:

» Muitas comunidades oferecem atividades específicas para crianças dessa idade: Infância Missionária, Pastoral dos coroinhas, catequese... Verifique a disponibilidade dessas atividades em sua paróquia e na medida do possível a engaje em um desses grupos.

» A catequese é algo fundamental para o crescimento da fé. Ela tem a missão de complementar a iniciação à vida cristã começada pelos pais, ajudando a criança se tornar um verdadeiro discípulo missionário de Jesus Cristo. Nesse sentido a função da catequese vai muito além da recepção dos sacramentos (Crisma e Eucaristia). Veja como está estruturada a catequese de sua paróquia, a idade com que se inicia, e se organize para essa importante etapa.

A FÉ QUE PROFESSAMOS

PARA CONHECER +

Sugerimos a leitura da Exortação Apostólica do Papa Francisco, "*Gaudete et Exsultate*", sobre a chamada à santidade no mundo atual.

ALGUMAS ORAÇÕES CRISTÃS

Oração do Pai-Nosso

Pai nosso que estais nos Céus, santificado seja o Vosso Nome, venha a nós o Vosso reino, seja feita a Vossa vontade, assim na terra como no Céu. O pão nosso de cada dia nos dai hoje; perdoai-nos as nossas ofensas, assim como nós perdoamos a quem nos tem ofendido, e não nos deixeis cair em tentação, mas livrai-nos do mal. (Pois teu é o reino, o poder e a glória para sempre.) Amém!

Invocação ao Espírito Santo

Vinde, Espírito Santo, enchei os corações dos vossos fiéis e acendei neles o fogo do Vosso amor. Enviai o Vosso Espírito, e tudo será criado, e renovareis a face da terra. Oremos: Ó Deus, que instruístes os corações dos vossos fiéis com a luz do Espírito Santo, fazei que apreciemos retamente todas as coisas segundo este mesmo Espírito e gozemos sempre da Sua consolação. Por Cristo, Senhor nosso. Amém!

Ave Maria

Ave Maria, cheia de graça, (Lc 1,28a)

o Senhor é convosco. (Lc 1,28b)

Bendita sois vós entre as mulheres, (Lc 1,42a) e Bendito é o Fruto do vosso ventre, Jesus! (Lc 1,42b)

Santa Maria, Mãe de Deus, rogai por nós, pecadores, agora e na hora de nossa morte. Amém!

Oração do "Angelus"

L 1: O anjo do Senhor anunciou a Maria,

L 2: E ela concebeu do Espírito Santo.

Todos: Ave Maria cheia de graça...

L 1: Eis aqui a serva do Senhor,

L 2: Faça-se em mim segundo sua palavra

Todos: Ave Maria cheia de graça...

L 1: E o verbo se fez carne

L 2: E habitou entre nós.

Todos: Ave Maria cheia de graça...

Oremos: Infundi, Senhor, a vossa graça em nossas almas para que, conhecendo pela anunciação do Anjo a encarnação de vosso Filho Jesus Cristo, cheguemos por sua paixão e cruz, à glória da ressurreição.

Por Nosso Senhor Jesus Cristo, vosso Filho, que é Deus convosco, na unidade do Espírito Santo. Amém!

Salve Rainha

Salve, Rainha, mãe misericordiosa, vida, doçura, esperança nossa, salve. A vós bradamos os degredados filhos de Eva. A vós suspiramos, gemendo e chorando neste vale de lágrimas. Eia, pois, advogada nossa, esses vossos olhos misericordiosos a nós volvei, e depois deste desterro mostrai-nos Jesus, bendito fruto de vosso ventre. Ó clemente, ó piedosa, ó doce sempre Virgem Maria.

V.: Rogais por nós Santa Mãe de Deus.

R.: Para que sejamos dignos das promessas de Cristo.

Oração ao Anjo da Guarda

Santo Anjo do Senhor, meu zeloso guardador, se a ti me confiou a piedade divina, sempre me rege, me guarda, me governa e me ilumina. Amém!

Oração pelas Vocações

Jesus, divino Pastor da Santa Igreja ouvi nossa prece sacerdotal.

Concedei para muitos meninos e jovens, de coração inocente e generoso, a graça do sacerdócio e a perseverança em sua vocação.

Fazei-nos compreender, a grande honra e felicidade, de termos um padre em nossa família.

Dai-nos a todos sinceros desejos de auxiliar as vocações sacerdotais e religiosas.

Infundi nos formadores do nosso clero, os dons de piedade e ciência para o reto desempenho de sua missão de tanta responsabilidade.

Por intercessão da Virgem Santíssima, santificai e protegei sempre os nossos padres, para que se dediquem com amor e zelo à glória de Deus e à salvação dos homens. Amém!

Conecte-se conosco:

facebook.com/editoravozes

@editoravozes

@editora_vozes

youtube.com/editoravozes

+55 24 2233-9033

www.vozes.com.br

Conheça nossas lojas:
www.livrariavozes.com.br

Belo Horizonte – Brasília – Campinas – Cuiabá – Curitiba
Fortaleza – Juiz de Fora – Petrópolis – Recife – São Paulo

  Vozes de Bolso

EDITORA VOZES LTDA.
Rua Frei Luís, 100 – Centro – Cep 25689-900 – Petrópolis, RJ
Tel.: (24) 2233-9000 – E-mail: vendas@vozes.com.br